D1748080

Andreas WILLMY — Frans STUMMER

BADEN-WÜRTTEMBERG
MENSCHEN · KULTUR · GESCHICHTE

Von den Anfängen bis zu den Kelten
ca. 600 000 - 15 v. Chr.

Sadifa Media

DIES IST KEIN WISSENSCHAFTLICHES WERK. BEI ALLER ORIENTIERUNG AN DEN FAKTEN WAR EIN GEWISSES MASS AN SCHÖPFERISCHER FREIHEIT UNABDINGBAR, UM UNTERHALTSAM, ANSCHAULICH UND INFORMATIV ZU SEIN.
IMMER WIEDER ERFORDERTEN STRITTIGE SACHFRAGEN, SICH FÜR EINE LÖSUNG ZU ENTSCHEIDEN; OB ES JEWEILS DIE RICHTIGE WAR, WIRD SICH ZEIGEN – ODER AUCH NICHT. FÜR VIELE HILFREICHE TIPPS UND HINWEISE VON KOLLEGEN UND FREUNDEN MÖCHTE ICH HIERMIT DANKEN – FÜR VERBLIEBENE FEHLER, DIE SELBSTVERSTÄNDLICH ALLEIN DEM AUTOR ANZULASTEN SIND, BITTEN WIR UM ENTSCHULDIGUNG.

WIR WÜNSCHEN UNSEREN LESERN VIEL VERGNÜGEN UND GEWINN!

SADIFA MEDIA

Herausgeber:
SADIFA MEDIA VERLAGS GMBH
Oberdorfstraße 1
D - 77694 Kehl am Rhein
Tel.: ++49 (0) 7851 4010
Fax: ++49 (0) 7851 73080
info@sadifa-media.de
www.sadifa.de

Drehbuch:
ANDREAS WILLMY M.A.

Projektleiter:
WOLFGANG URBAN

Zeichnungen:
FRANS STUMMER

Farbbearbeitung:
SAMBO

© 2012 SADIFA MEDIA
Bestell-Nr. 591
Alle Rechte vorbehalten
Reproduktion und Nachdruck verboten
ISBN: 978-3-88786-460-6

Die Deutsche Bibliothek verzeichnet diese Publikation in der
Deutschen Nationalbibliografie; detaillierte bibliografische
Daten sind im Internet über http://dnb.ddb.de abrufbar.

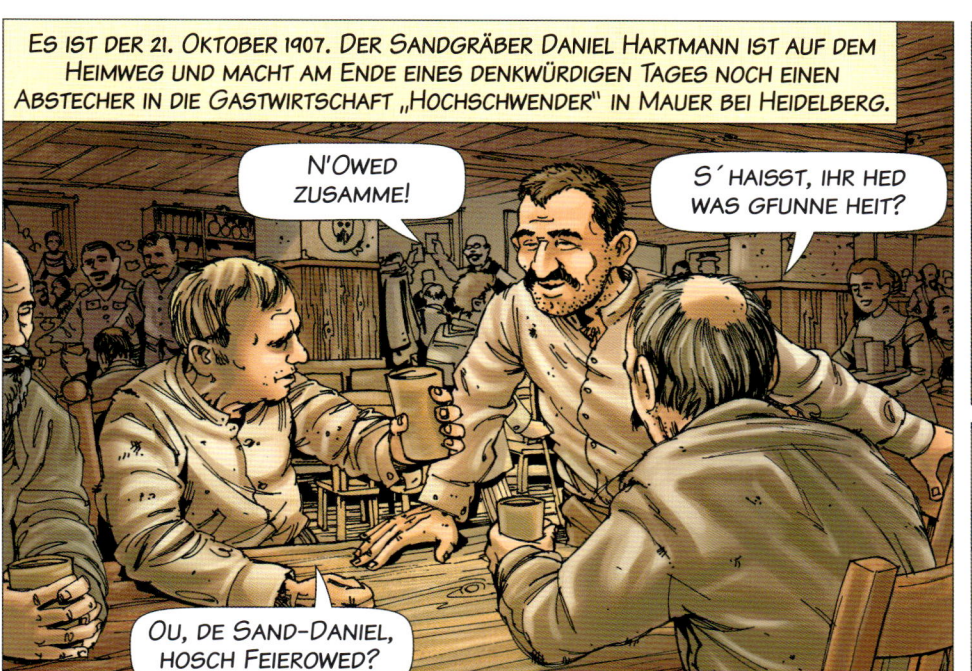

ES IST DER 21. OKTOBER 1907. DER SANDGRÄBER DANIEL HARTMANN IST AUF DEM HEIMWEG UND MACHT AM ENDE EINES DENKWÜRDIGEN TAGES NOCH EINEN ABSTECHER IN DIE GASTWIRTSCHAFT „HOCHSCHWENDER" IN MAUER BEI HEIDELBERG.

N'OWED ZUSAMME!

S' HAISST, IHR HED WAS GFUNNE HEIT?

OU, DE SAND-DANIEL, HOSCH FEIEROWED?

HEIT HAW ICH DE ADAM G'FUNNE!

DI KINNLAD VUM ADAM, IN MAUER! DES WERD EN AFF GWEST SEI!

ALA, SO WIE DEINI HOTS UF ALLE FÄLL NET AUSGSEHE!

HAHAHAHA!

ADAMS UNTERKIEFER HATTE DANIEL HARTMANN AN DIESEM TAG NICHT AUF SEINER SCHAUFEL, WOHL ABER DEN BIS HEUTE ÄLTESTEN URMENSCHENFUND MITTELEUROPAS!

GUCK EMOL, DO ISCH WAS! DES ISCH DOCH E KINNLAD! E HALWI!

DO ISCH DI ANNER HÄLFD. DES MESSE MER GLEI DEM RÖSCH* MELDE!

AM NÄCHSTEN TAG SCHON ERREICHT DIE FUNDMELDUNG DEN PRIVATDOZENTEN OTTO SCHOETENSACK IM NAHEN HEIDELBERG, DER SICH DIE BALDIGE WISSENSCHAFTLICHE VERÖFFENT-LICHUNG DES AUFSEHEN ERREGENDEN FUNDES NICHT NEHMEN LÄSST.

*PÄCHTER DER SANDGRUBE.

Der Mensch von Mauer oder Homo heidelbergensis gehört zur Spezies Homo erectus, der ersten Menschen, die vor mindestens 800.000 Jahren von Afrika aus Europa besiedelten. Doch wer war der junge Mann Mitte zwanzig, dessen Überreste vor rund 600.000 Jahren offenbar in einer Flussschleife des Neckars angespült wurden? Wir können nur spekulieren ...

Die Sippe des „Heidelbergers" lebte in einer Warmzeit. Mischwälder aus Nadelbäumen und Eichen bestimmten die Landschaft, die Lebensraum für eine reiche Tierwelt bot: Von Flughörnchen, Maulwurf und Spitzmaus über Reh, Wildschwein, Rothirsch und Elch, Wildpferd und Bison bis zu Raubtieren wie Luchs, Säbelzahntiger, Löwe oder Bär; Waldnashörner und riesige Waldelefanten kamen ebenso vor wie Biber und Flusspferde.

Flusspferde sind lecker ... besonders die kleinen ...

... doch mit Flusspferdmüttern ist nicht zu spassen!

Aber Hirsch schmeckt ja auch gut – wenn man ihn erwischt ...

Der verwundete Hirsch schwimmt um sein Leben – der Jäger auch!

Hilflos müssen die anderen zusehen, wie er vom Wasser mitgerissen wird. Sie werden ihn nicht mehr finden ...

JAHRTAUSENDE VERGEHEN. WARM- UND KALTZEITEN LÖSEN SICH AB UND ES SCHEINT, ALS OB DER MENSCH SICH JEWEILS IN WÄRMERE GEFILDE ZURÜCKZIEHT. ERST RUND 350.000 JAHRE SPÄTER ZEUGEN WIEDER FUNDE AUS EINER WARMZEIT IN STEINHEIM AN DER MURR UND REILINGEN VON MENSCHEN. DIE BEIDEN SCHÄDEL GEHÖREN BEREITS ZU DEN FRÜHEN NEANDERTALERN.

DURCHSCHNITTSTEMPERATUR DER LETZTEN 100.000 JAHRE (BLAUE LINIE) IM VERGLEICH ZU HEUTE (ROTE LINIE).

IM TAL DER MURR HAT VOR RUND 250.000 JAHREN EINE SIPPE IHREN LAGERPLATZ. NACH WIE VOR LEBT MAN VOM JAGEN UND SAMMELN IM RHYTHMUS DES JAHRESLAUFS.

WÄHREND DIE MEISTEN MÄNNER BEIM JAGEN SIND, SAMMELN EINIGE FRAUEN WURZELN UND BEEREN. EINE VON IHNEN HINKT, UND AUCH SONST GEHT ES IHR NICHT GUT.

MEIN KOPF TUT WIEDER SO WEH!

PLÖTZLICH ... MIT EINEM SÄBELZAHNTIGER SO NAHE BEIM LAGERPLATZ HATTE NIEMAND GERECHNET!

DER TIGER SCHLEPPT DEN LEBLOSEN KÖRPER ANS WASSER, UM SICH IN RUHE SEINER BEUTE ZU WIDMEN ...

1933 WIRD DER SCHÄDEL DER JUNGEN FRAU IN EINER KIESGRUBENWAND BEI STEINHEIM AN DER MURR GEFUNDEN. ERST 2003 STELLT MAN FEST, DASS DIE FRAU AN EINEM HIRNTUMOR GELITTEN HATTE, DER WAHRSCHEINLICH KOPFSCHMERZEN UND LÄHMUNGEN VERURSACHTE.

Etwa zur gleichen Zeit schlagen Menschen bei Stuttgart-Bad Cannstatt immer wieder ihre Jagdlager auf. Eingebettet in Lehm und Süsswasserkalk, dem Cannstatter Travertin, stiess man bei dessen Abbau auf Spuren von Windschirmen oder Laubhütten, auf Feuerstellen, viele kleine und grössere Steinwerkzeuge zum Zerlegen und Verarbeiten von Wild, Bruchstücke einer hölzernen Lanze sowie Tausende Tierknochen.

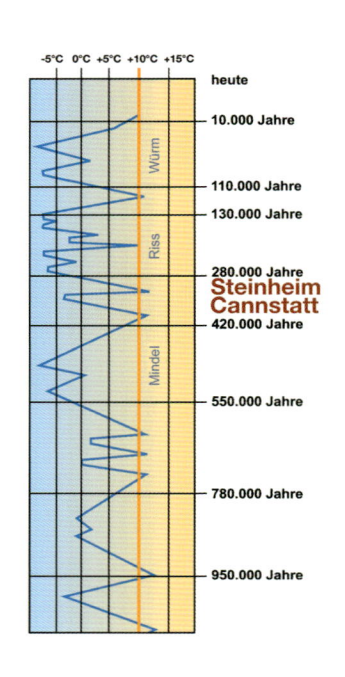

Grösste Beute war der Waldelefant – grösser als heutige Elefanten! Aber es gab auch Nashörner, Auerochsen, Riesenhirsche, Rothirsche, Wildpferde, Biber, Dachse und Sumpfschildkröten. Die Sommer waren trocken und wärmer als heute, aber im Winter wird man manchmal um ein Feuer und ein paar Felle froh gewesen sein.

Maximale Ausdehnung der Alpengletscher während der Mindel- und Riss-Kaltzeit (vor ca. 550.000–420.000 und 280.000–130.000 Jahren) sowie während der letzten, der Würm-Kaltzeit (vor ca. 115.000–10.000 Jahren).

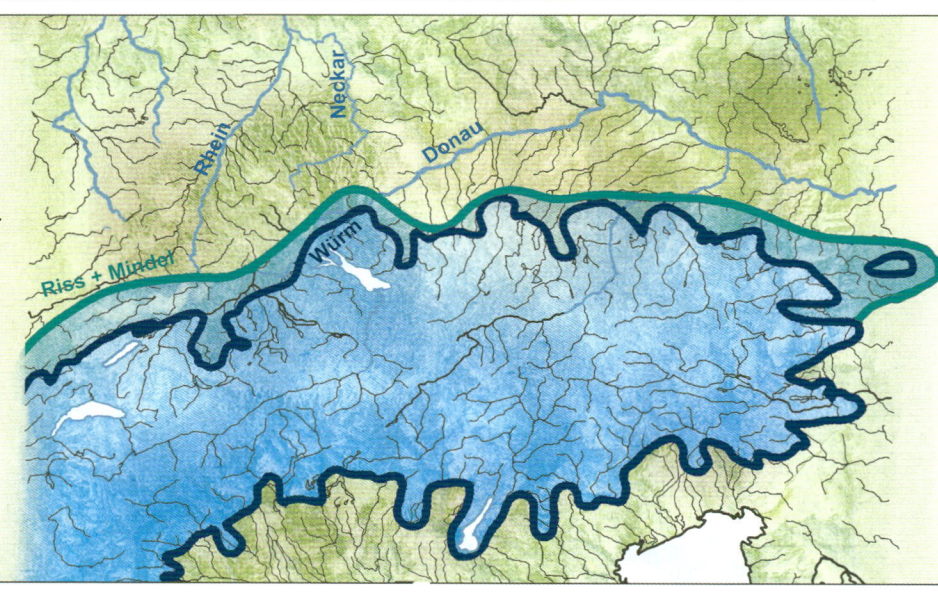

Wieder wechseln wärmere und gemässigte mit kalten Klimaphasen, unterbrochen von kürzeren Kälte- und Wärmeschwankungen; die Alpengletscher rücken zeitweise bis über die Donau vor und ziehen sich wieder zurück. Aus Süddeutschland sind nur selten Spuren des Menschen überliefert.

Die letzte Kaltzeit beginnt allmählich, vor etwas mehr als 100.000 Jahren. Erst jetzt kommt in den Fundstellen das zusammen, was man oft spontan mit „Eiszeit" verbindet: Höhlenbären, wollige Mammuts, Faustkeile und Neandertaler. Denn während Fundstellen im Freiland leicht durch Erosion, den Pflug oder Bauarbeiten zerstört oder einfach übersehen werden, sind sie in Höhlen geschützt und leichter zu finden – nur darum ist das Bild vom „Höhlenmenschen" entstanden.

He, wach auf – wir haben Steinböcke gesehen!

Hör auf, das ist mir zu anstrengend – die Rentiere kommen bestimmt auch bald.

Die Grosse Grotte über Blaubeuren dient über Jahrtausende Neandertalern als Lagerplatz: Sie bietet ideale Aussicht über die Täler von Ach und Blau. Der hohe Eingang wird sogar mit einem Steinmäuerchen versehen, um es drinnen angenehmer zu haben. Unter den zahlreichen Tierknochen fanden sich neben Höhlenbär, Ren, Hirsch, Wildpferd und kleineren Tieren auch Wildschaf und Steinbock. Das lässt auf eine baumlose Steppe auf den Albhochflächen und eine Bewaldung in den Tälern schliessen.

Auch in anderen Albhöhlen an Lauchert und Blau, Lone und Brenz, im Travertin von Stuttgart-Untertürkheim und an Freilandfundstellen zwischen Hochrhein und Main haben Neandertaler ihre Spuren hinterlassen. Es waren kräftige Kerle, nicht gross, aber sehr stämmig, die sich in der unwirtlichen Umgebung der beginnenden Eiszeit, aber auch in den gelegentlich recht abrupten Klimaschwankungen zu behaupten wussten.

Wie wir von anderen Fundstellen im Nahen Osten und in Frankreich wissen, begruben sie ihre Toten und legten ihnen manchmal Beigaben mit ins Grab, und sie kümmerten sich um Sippengenossen, die etwa durch einen Unfall nicht mehr selbst jagen gehen konnten.

Von ihnen selbst ist bislang in Südwestdeutschland nur der rechte Oberschenkelknochen eines Erwachsenen im Hohlestein-Stadel im Lonetal gefunden worden. Die Gelenkenden sind abgebissen, wahrscheinlich von Höhlenhyänen, die ihre Beute in die Höhle geschleppt und dort gefressen haben: So können aus Jägern unversehens Gejagte werden ...

Der Faustkeil, seit Jahrhunderttausenden bewährtes Universalwerkzeug, wird weiterentwickelt:

Vom klassischen Modell „à la S. Acheul"*...

... über den Micoque*-Keil mit ergonomischem Griff, eleganter Klinge und scharfer Schneide ...

... bis zu den Meisterstücken der späten Neandertaler, den Blattspitzen.

Sie wurden sicher geschäftet und sollten nicht nur funktional sein, sondern auch schön!

Technische Visitenkarte ist aber die Levallois*-Technik: Eine Feuersteinknolle wird mit gezielten Schlägen rundum so bearbeitet, dass mit dem letzten Schlag ein Abschlag oder eine Spitze in der gewünschten Form entsteht.

*Nach Fundstellen in Frankreich.

*Fundstelle in Frankreich.

Die allermeisten Funde sind allerdings die kleinen Allerwelts-Wegwerfgeräte aus Feuerstein zum Schaben, Schneiden, und Schnitzen oder für andere handwerkliche Tätigkeiten. So gehen wieder Jahrtausende dahin: Man jagt, fischt und sammelt, liebt und zieht Kinder gross – wenige, wie bei allen Wildbeutern. Man wandert im Jahreslauf zwischen Sommer- und Winterlagern, Haupt- und Jagdlagern; bestimmt von den ziehenden Wildtierherden, dem Reifen begehrter Beeren, Wurzeln und Früchte und von der Gunst oder Ungunst der Witterung.

Man kennt auch die anderen Sippen, aber man trifft sich selten, denn im ganzen Südwesten Deutschlands dürften zu dieser Zeit kaum mehr als tausend Menschen leben. Man ist unter sich, bis eines Tages ...

Vor höchstens 40.000 Jahren kommen die ersten anatomisch modernen Menschen (auch Homo sapiens, früher Cro-Magnon*-Mensch) nach Mitteleuropa, nachdem sie vor rund 100.000 Jahren erstmals Afrika verlassen hatten. Sie waren aus dem dort verbliebenen Homo erectus hervorgegangen, während sich der Neandertaler in Europa aus dem zuvor aus Afrika hierhergewanderten Homo erectus entwickelte.
*Fundstelle in Frankreich.

"Wer sind die?"

"Weiss nicht ... letzten Sommer habe ich von Fremden weiter im Osten gehört, vielleicht sind es die?"

Wir wissen nicht, wie sich die ersten Kontakte und das spätere Nebeneinander gestaltet haben ...

... am Anfang gab es sicher Platz für alle und wenig Grund für Feindseligkeiten, auch wenn man die anderen zuerst nicht verstanden hat.

Später konnte man sich manchmal schon in die Quere kommen – vor allem, wenn es kälter und das Wild seltener wird ...

Wir wissen heute, dass wir alle ein paar Prozent Neandertaler in den Genen haben – man hatte also anscheinend nicht viel miteinander zu tun ...

... aber manchmal schon ein bisschen ...

Nach etwa 10.000 Jahren Koexistenz, vor nicht ganz 30.000 Jahren, sterben die Neandertaler aus – warum?

Ihr kräftiger Körperbau ist eigentlich besser an die Kälte angepasst, ihr Gehirn ist mindestens ebenso gross, und sie sind 100.000 Jahre gut zurechtgekommen. Aber allmählich werden sie immer weniger und isolierter, und umso mühsamer ist es, sich gegen die „Neuen" zu behaupten – vielleicht haben sie irgendwann einfach resigniert: keine Lust mehr zu überleben ...

Jedenfalls verändert sich vor ca. 40.000–30.000 Jahren der „Werkzeugkasten": Mit Schlägel und Zwischenstück werden lange, schmale Klingen produziert und so das Rohmaterial besser ausgenutzt. Daraus lassen sich vielerlei kleine Spezialwerkzeuge herstellen, mit denen Knochen, Geweihe und Mammutelfenbein leichter zu bearbeiten sind.

Klinge   Bohrer   Rückenmesser

Tatsächlich werden diese Materialien nun viel öfter als Werkstoff genutzt ...

... ZUM BEISPIEL FÜR ETWAS GANZ NEUES: KUNST!

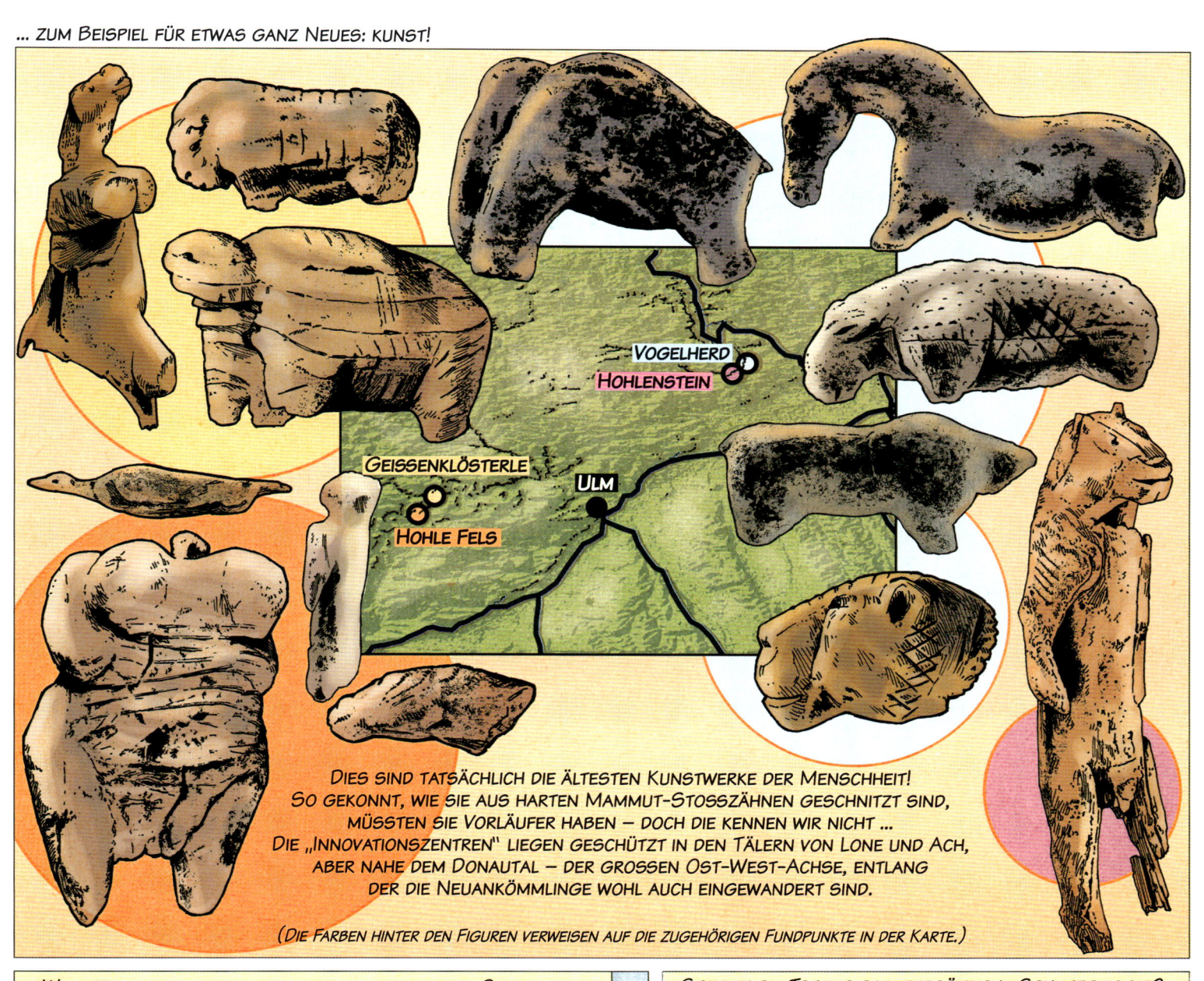

VOGELHERD
HOHLENSTEIN
GEISSENKLÖSTERLE
ULM
HOHLE FELS

DIES SIND TATSÄCHLICH DIE ÄLTESTEN KUNSTWERKE DER MENSCHHEIT!
SO GEKONNT, WIE SIE AUS HARTEN MAMMUT-STOSSZÄHNEN GESCHNITZT SIND,
MÜSSTEN SIE VORLÄUFER HABEN – DOCH DIE KENNEN WIR NICHT ...
DIE „INNOVATIONSZENTREN" LIEGEN GESCHÜTZT IN DEN TÄLERN VON LONE UND ACH,
ABER NAHE DEM DONAUTAL – DER GROSSEN OST-WEST-ACHSE, ENTLANG
DER DIE NEUANKÖMMLINGE WOHL AUCH EINGEWANDERT SIND.

(DIE FARBEN HINTER DEN FIGUREN VERWEISEN AUF DIE ZUGEHÖRIGEN FUNDPUNKTE IN DER KARTE.)

WIR WISSEN AUCH NICHT, WOZU SIE GEDIENT HABEN: SOLLTEN SIE DER SIPPE JAGDGLÜCK UND FRUCHTBARKEIT BESCHEREN?

STELLEN SIE TOTEMS DAR, PERSÖNLICHE SCHUTZGEISTER?

ODER WAREN SIE BLOSS SPIELZEUG?

DIE GESTALT DES LÖWENMENSCHEN ZEIGT RUHIGE KRAFT, VERHALTENE DYNAMIK UND SELBSTVERTRAUEN. SEHEN WIR HIER, WIE EIN ERSTER SCHAMANE SICH IN TRANCE ALS MISCHWESEN ERLEBT?

ODER IST ES DAS BILD EINES TIERGESTALTIGEN AHNEN?

DIE „VENUS VOM HOHLE FELS" IST ANDERS VERFREMDET: UNGEWÖHNLICHE PROPORTIONEN, STUMMELBEINE, STATT DEM KOPF EINE ÖSE – DENNOCH VERMITTELT SIE ELEMENTARE WEIBLICHKEIT UND SELBSTBEWUSSTSEIN.

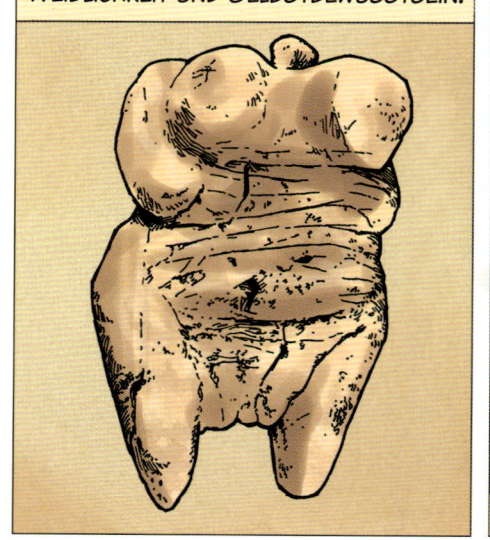

JETZT WIRD'S BALD LOSGEHEN!

NIMM – SIE WIRD DIR DIE KRAFT GEBEN!

AAAARGH!!!

SIE GEHÖRTE WOHL EHER IN DIE WEIBLICHE SPHÄRE ...

EINIGE FLÜGELKNOCHEN VON SCHWAN UND GEIER BEZEUGEN NOCH ETWAS ANDERES:

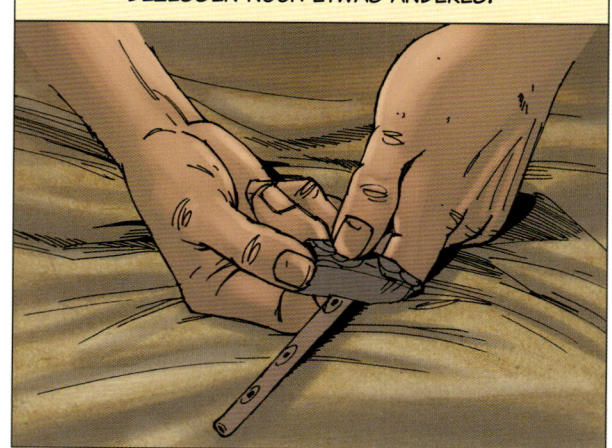

MUSIK!

Im meist trocken-kalten Klima herrscht weithin die Mammutsteppe vor: Auf dem tief gefrorenen Permafrost-Boden, der im Sommer nur oberflächlich taut, wachsen dann reichlich Gräser, Kräuter und Zwergsträucher.

Eine grosse Zeit für Jäger: Hier ziehen Wollhaar-Mammut und -Nashorn ihrer Wege, Moschusochse und Saiga-Antilope, Wildpferd, Rentier, Wolf, Hyäne, Löwe und Bär natürlich auch.

Im Winter werden auch die Schlafplätze der Höhlenbären aufgesucht – manchmal keine einfache Sache!

— Er kommt!!
— Der war schon wach!

Im Frühjahr werden vor allem Mammuts gejagt.

— Die Mücken machen mich noch wahnsinnig!
— Hoffentlich merkt die Alte bald, dass das Kleine tot ist und verschwindet endlich!

Die Knochen erbeuteter Mammuts stammen fast alle von Jungtieren – mit den Grossen hat sich wohl keiner freiwillig angelegt!

Nur kurz dauern die Wärmeschwankungen, in denen vorübergehend Bäume und Tiere der gemässigten Klimate zurückkehren.

Vor etwa 20.000 Jahren erreicht die Würm-Kaltzeit ihren letzten Höhepunkt, vor dem sich offenbar nicht nur die Menschen zurückziehen.

— Es hat keinen Zweck. Wir sollten ganz über den grossen Fluss* nach Westen gehen und dort bleiben.
— Ja, die Jagd wird immer schlechter, selbst im Sommer.
— Sommer? Was für Sommer?!

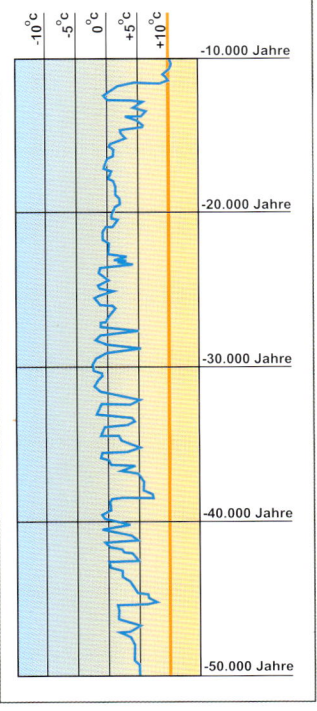

*Rhein.

Erst einige Jahrtausende später gibt es wieder Spuren des Menschen im Südwesten. Eine letzte Blütezeit der Eiszeitjäger beginnt.

Mammut, Wollhaarnashörner und Höhlenbär sind jedoch verschwunden. Das Leben folgt dem Rhythmus der Pferde- und Rentierherden und ihren Wanderungen.

Im Herbst ziehen die Rentierherden vom Voralpenland auf die Alb und passieren dabei die Mündung des Brudertals bei Engen – ein guter Platz, um sie in den Engpass beim Petersfels hineinzutreiben!

Mehr Reichweite und Durchschlagskraft bringt nun die Speerschleuder, deren Hakenende manchmal höchst originell gestaltet ist. Die Geschossspitzen tragen häufig Widerhaken oder eingesetzte Feuersteinschneiden.

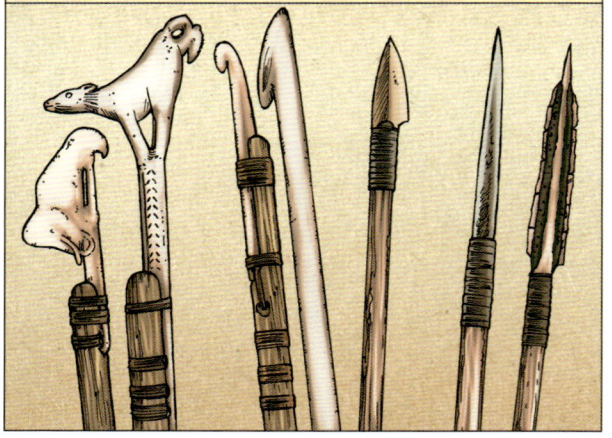

Vor etwa 14.500 Jahren beginnen zwei gemässigtere Jahrtausende (aber immer noch um 5° C kälter als heute), unterbrochen von zwei kurzen Kältephasen, in denen Steppen- und Strauchtundra die allmählich aufkommende Bewaldung zurückdrängen.

Die Menschen leben nun in kleineren Gruppen und jagen mehr Rehe, Rothirsche, Elche und Auerochsen – vielleicht auch schon mit Pfeil und Bogen, wie die kleineren Geschossspitzen vermuten lassen.

Eine letzte, tausendjährige Kältephase kann die Birken- und Kiefernwälder in Süddeutschland nur lichten, nicht verdrängen. Sie endet abrupt vor etwa 11.600 Jahren – und mit ihr das Eiszeitalter oder Pleistozän.

Durch die üppige Vegetation ist Feuerstein mühsam zu finden; das Material wird optimal ausgenutzt, die Einsätze extrem verkleinert zu Mikrolithen*.

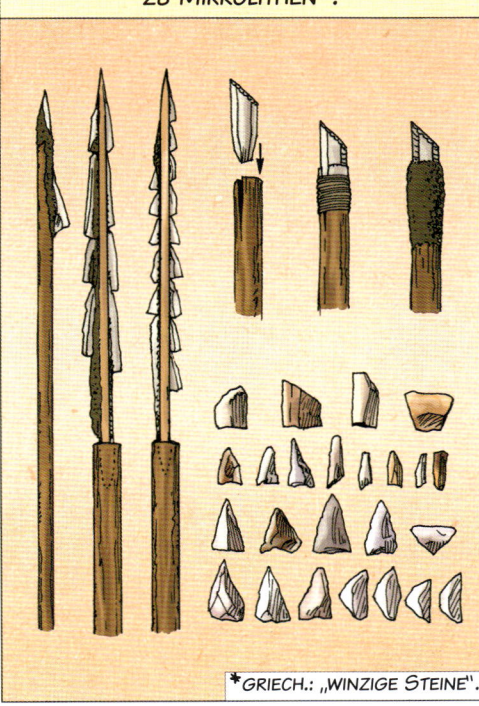

*GRIECH.: „WINZIGE STEINE".

Als ich so alt war wie ihr, das waren noch Winter; da konnten wir auf dem Eis über den Fluss! Und geregnet hat's auch nicht so viel!

Ja, Opa, das sagst Du immer...

Für die Menschen, die nur selten älter als 50 Jahre werden, ist dies sicher keine Epochengrenze – auch wenn ein Temperaturanstieg um mehrere Grad innerhalb weniger Jahrzehnte wohl auch ihnen auffällt ...

In der Nacheiszeit, dem Holozän, ändert sich die Landschaft stark. Dichte Wälder entstehen, in denen man die Tiere statt in grossen Herden nur noch einzeln jagen kann und man nur langsam vorankommt. Noch immer leben im Südwesten kaum mehr als 2000 Menschen. Die abgeschmolzenen Gletscher hinterlassen Wasserläufe und Seen; man orientiert sich mehr zum Wasser.

Die Nahrung wird vielfältiger: Vierbeiner und Vögel aller Art, Fische, Muscheln, Schildkröten, dazu Früchte und gerne Haselnüsse.

So könnte es bleiben. Doch irgendwann im 6. Jahrtausend...

Was sind das für Viecher?

Die laufen gar nicht weg!

Mama, Mama, wir haben einen Fremden mit zahmen Rehen gesehen und Hunde, die määh machen!!

Wo wart ihr denn wieder? Helft mir lieber!

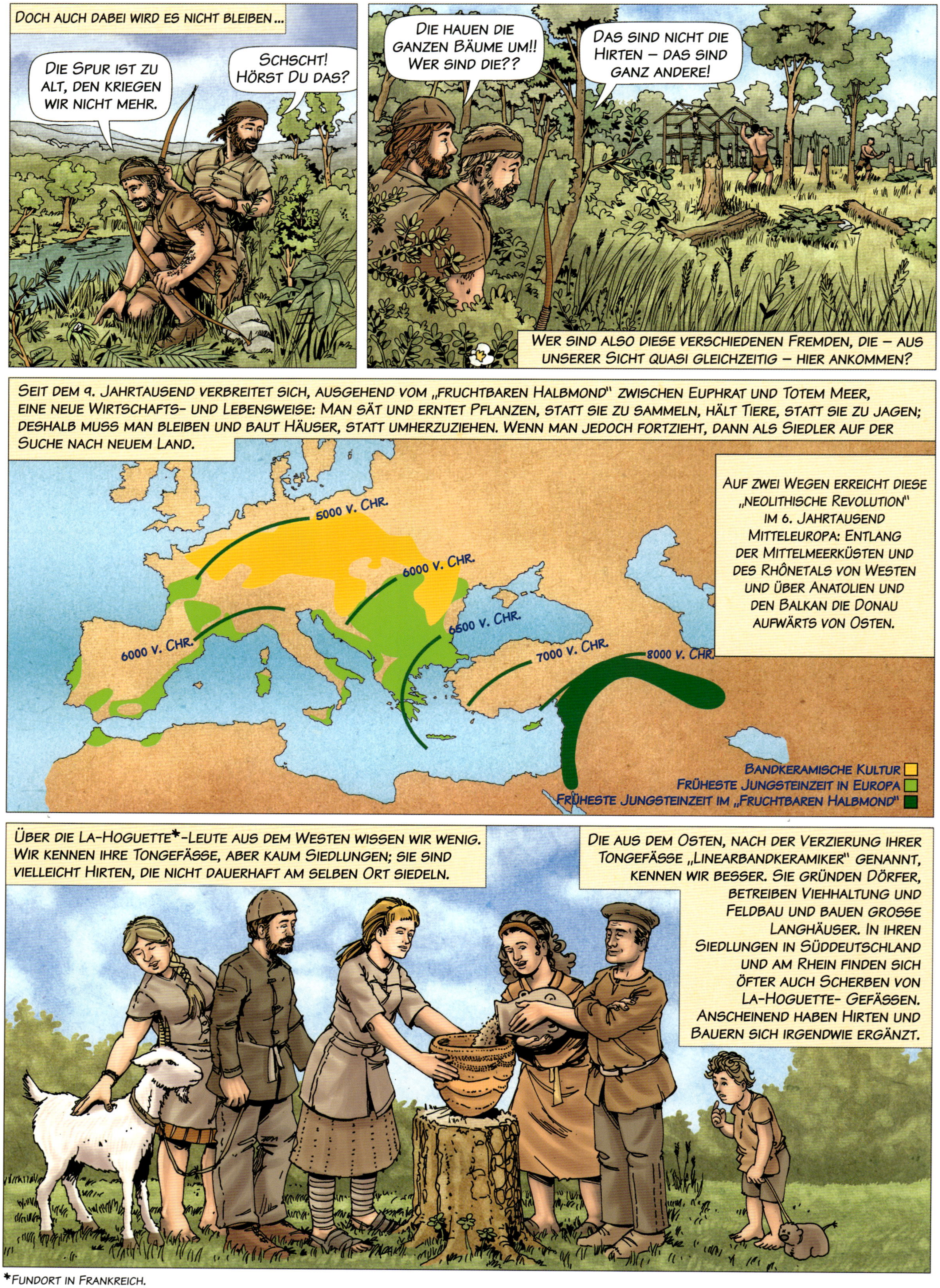

*FUNDORT IN FRANKREICH.

Diese Bauern bringen Emmer, Einkorn, Gerste und Hirse mit, Linse, Erbse und Lein sowie als Nutztiere Rind, Schaf, Ziege und Schwein.

Sie benutzen schwere Beile mit geschliffenen Steinklingen, um die stattlichen Langhäuser zu bauen, und brennen Geschirr aus Ton.

Das Aufhängen hilft gegen die Mäuse!

Und die einheimischen Jäger und Sammler?

Die Bauern bevorzugen die fruchtbaren Lössböden. Erstmals verändert der Mensch die Umwelt dauerhaft durch Rodung, Feldbau, Weidevieh und Hausbau.

Anzeichen für Konflikte fehlen. Es scheint eher, als ob sie allmählich die neue Lebensweise annehmen und sie sogar selbst beeinflussen.

Habt ihr nix zu tun!? Das ist ein heiliger Bezirk und kein Spielplatz!

Aber er ist doch noch gar nicht fertig!

Grosse Grabenwerke dienen als Kultbezirke und wohl auch zum Schutz – wird es enger am Ende des 6. Jahrtausends?

Auch die Versorgung mit Dingen von weiter weg scheint zu stocken ...

Habt ihr guten Feuerstein bekommen?

Davongejagt haben sie uns, wie räudige Hunde!

Und das sollen unsere Vettern sein! Erschlagen sollte man sie!

Manchmal kommt es tatsächlich so ... wie in Talheim bei Heilbronn. Den tatsächlichen Hintergrund dieses Dramas kennen wir nicht.

Die 34 Erschlagenen im Massengrab von Talheim sind grausiges Zeugnis eines Überfalls, dem die Einwohner eines ganzen Weilers zum Opfer fallen. Die Tatwaffen entstammen demselben Umfeld – die Täter könnten auch die Nachbarn gewesen sein ...

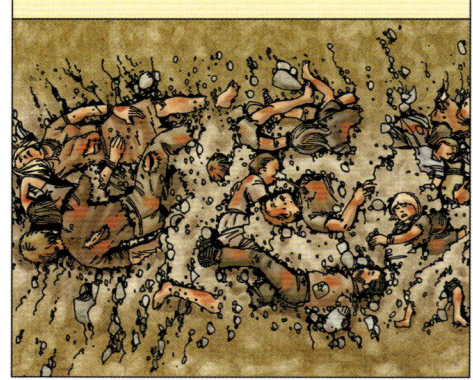

Nach fast 500 Jahren löst sich die Einheitlichkeit der bandkeramischen Kultur allmählich auf. Die Häuser werden noch länger, leicht bauchig und ihre Giebel nach hinten niedriger. Auch wohnen nun wohl mehrere Familien unter einem Dach.

In den folgenden rund 500 Jahren beherrschen regionale Gruppen das Bild, die zum Teil im Abstand von wenigen Generationen aufeinanderfolgen. Sie entfernen sich mehr und mehr von ihren bandkeramischen Ursprüngen, was auch an den Tongefäßen deutlich abzulesen ist.

Eine Neuerung ist der Steinbohrer.

— Wie lange dauert das denn noch?

— Lange – und wenn du nicht regelmäßig Sand dazutust, noch länger!

Gebohrte Klingen lassen sich einfacher einstielen, weil man keine passenden Kniehölzer suchen und zurechtschnitzen muss. Trotzdem bleiben Knieholme noch sehr lange in Gebrauch.

BEILSCHÄFTUNG

AXTSCHÄFTUNG

17

Derweil prägen die grossen Erdwerke der Michelsberger Kultur* den Nordwesten des Landes. Offenbar mehrmals, aber jeweils nur für wenige Jahrzehnte umgebaut und benutzt, können sie zentrale Kult- und Versammlungsplätze, Viehkrale und befestigte Siedlungen sein.

*Nach dem Erdwerk auf dem Michaelsberg bei Bruchsal.

Neben Hund, Pferd oder Auerochse finden sich auch menschliche Skelettreste in Gräben und Gruben, oft mit Spuren von Gewalt. Die Hintergründe kennen wir nicht ...

Die Besiedlung drängt nun in bisher wenig genutzte Gegenden jenseits der bisher bevorzugten Lössgebiete.

Laub und Zweige werden verbrannt, um den Boden zu düngen. Dann wird ausgesät.

Nach wenigen Jahren lassen die Erträge nach. Man rodet neue Felder, auf den alten und auch im Wald lässt man das Vieh weiden. Es scheint viel Vieh zu geben: Die Ulme, deren Laub das beste Futter liefert, geht überall zurück.

Wenn die Stockausschläge nach zehn, fünfzehn Jahren gross genug sind, werden sie eingeschlagen und man kann von vorn beginnen. Dazwischen muss man alle paar Jahre weitere neue Felder anlegen. Dafür braucht man viel Wald.

Kleine, leicht gebaute „Einfamilienhäusle" ersetzen die massiven Langhäuser, die Siedlungen sind kurzlebig. Vielleicht gibt es auch nicht mehr genug grosse Bäume in Reichweite ...

AUCH DIE ALPEN WERDEN SEIT LANGER ZEIT SCHON AUFGESUCHT UND ÜBERQUERT.

WER ... DIE KENNEN WIR DOCH?!

NA KLAR! KOMMT IHR DIREKT ÜBERS GEBIRGE?

JA, WIR HATTEN GUTES WETTER UND ETWAS JAGDGLÜCK.

UND HABEN NUR 20 TAGE GEBRAUCHT.

WIR VERMISSEN UNSEREN VETTER, IHR KENNT IHN. ER WOLLTE IM FRÜHJAHR ZU EUCH!

DAS IST SCHLECHT ...

OH ... WIR HABEN NICHTS GEHÖRT!

TATSÄCHLICH WIRD ES 5.300 JAHRE DAUERN, BIS MAN WIEDER ETWAS VON IHM HÖRT ...

IN DER SPÄTEN JUNGSTEINZEIT, IM FORTGESCHRITTENEN 4. UND FRÜHEN 3. JAHRTAUSEND, KOMMEN EINIGE GRUNDLEGENDE NEUERUNGEN AUF.

OCHSEN ALS ZUGTIERE VOR HAKENPFLUG ODER ARD ERMÖGLICHEN DIE BESTELLUNG GRÖSSERER FELDER ...

... UND MIT EINEM WAGEN GRÖSSERE TRANSPORTLEISTUNGEN. SIE ERFORDERN ABER AUCH GEBAHNTE WEGE – IN FEUCHTGEBIETEN ENTSTEHEN BOHLENWEGE ALS ERSTE KUNSTSTRASSEN.

WAS FÜR EIN GEHOLPER!

ACH WAS – LIEBER SCHLECHT GEFAHREN ALS GUT GELAUFEN!

UNSERE ERSTEN WAGENRÄDER HABEN QUADRATISCHE NABENLÖCHER UND SIND MIT DER MITDREHENDEN ACHSE FEST VERBUNDEN.

FAST HÄTTEN WIR EUCH NICHT GEFUNDEN!

JA, DIE RICHTIGEN HÖLZER GIBT'S NICHT MEHR ÜBERALL.

KUPFER KANN MAN BEI UNS INZWISCHEN AUCH GIESSEN, HÄUFIG IST ES ABER NOCH NICHT – UND SICHER WERTVOLL. DER ARSENGEHALT VERRÄT SEINE HERKUNFT AUS DEN OSTALPEN.

WIE VIEL WOLLTEN SIE DAFÜR HABEN? MEINE GÜTE!

SOLANGE WIR NICHT WISSEN, WIE SIE'S HERSTELLEN ...

Wo guter Feuerstein vorkommt, gräbt man auch danach, wie auf der Blaubeurener Alb. Anderswo in Europa geht man sogar bis über 20 Meter unter Tage ...

... während man in Kleinkems in Südbaden eine Steilwand aus hartem Kalkstein aushöhlt, um an frische Jaspis-Knollen zu kommen.

Unscheinbar, aber bald unverzichtbar: Die Handspindel zum Spinnen von Flachs.

Bis aus den Stängeln der Leinpflanze ein Leinenfaden wird, ist es ein langer Weg: Riffeln (1), rotten lassen und wieder trocknen ...

1

2 ... Bleuen und Brechen ...

3 ... Schwingen ...

4 ... Hecheln und Spinnen ...

Ob der Gewichtswebstuhl genau so aussah? Jedenfalls gab es ihn!

1 2

Die Wolle der Schafe damals eignet sich noch nicht zum Verspinnen. Man nutzt die Felle.

»Die Wolle ist schon ganz dick, der Winter ist nicht mehr weit. Das gibt eine schöne Decke!«

»Au ja – und davor ein Festessen!«

In Baden-Württemberg finden sich Megalith*-Gräber, wie sie in Nord- und Westeuropa häufig sind, nur am Hochrhein. Es sind Kollektivgräber: sichtbare Monumente einer Gemeinschaft, die hier ihre Toten versammelt.

*griech. „Grossstein".

Auch kleinere Dolmen* wie der von Schwörstadt zeugen von einer beachtlichen Gemeinschaftsleistung. In ihm wurden 19 Menschen bestattet.

*breton. „Tisch"; Grabkammer aus grossen Steinen.

Monumente mit unklarer Bestimmung sind Menhire*...

*breton. „Langer Stein"; aufrecht stehender grosser Stein.

... wie bei Schwörstadt oder Degernau, während die Stelen von Rottenburg, Tübingen-Kilchberg und Stockach gleich zweifach mit Gräbern zu tun haben:

Gefunden als wiederverwendete Abdeckung auf sehr viel jüngeren, frühkeltischen Gräbern ...

... standen sie wohl ursprünglich bei Gräbern der späten Jungsteinzeit.

Etwa um diese Zeit beginnt im frühen 3. Jahrtausend die letzte Phase der Steinzeit. Wir kennen sie fast nur aus Gräbern, die nun strengen Regeln folgen: Männer liegen auf der rechten Seite, Frauen auf der linken, aber beide blicken nach Süden.

Typische Grabbeigaben sind mit Schnureindrücken verzierte Becher („Kultur mit Schnurkeramik"), sorgfältig geschliffene Steinäxte (früher „Streitaxtkultur") und Schmuck aus Hundezähnen.

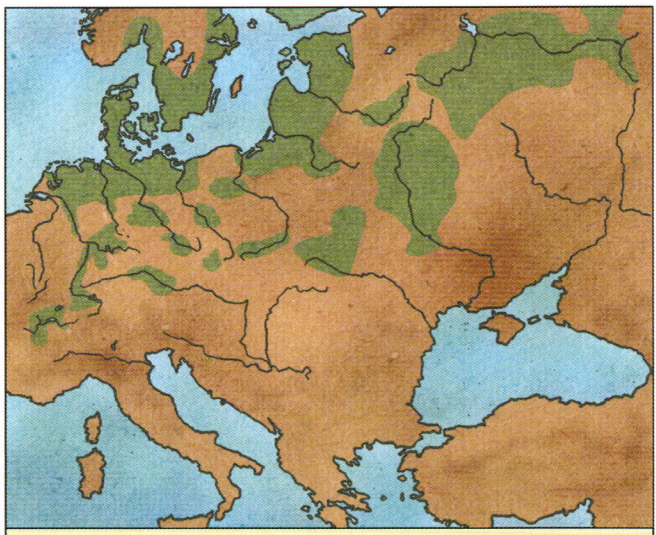

Ihr Verbreitungsgebiet ist Mittel-, Nord- und Osteuropa. Sie sind nicht sehr viele und bei uns wohl überwiegend Zuwanderer; ihre Herkunft und ihr Verhältnis zur einheimischen Bevölkerung sind noch immer nicht ganz geklärt.

Früher glaubte man, dies seien die ersten Indoeuropäer ...

... und so sehen wir in den Streitaxt-Leuten die UrIndogermanen vor uns, ...

... die eben nicht aus Nordeuropa, sondern aus den Weiten der östlichen Steppen kamen und als neue Herren die ansässigen Bauernkulturen unterwarfen ...

... später sollen sie den Krieg, das Patriarchat und eine neue Sprache gebracht haben.

... führte die frühe Domestikation des Pferdes in den Wolgasteppen zur Herausbildung patriarchalisch organisierter, kriegerischer Reiterhorden; sie unterwarfen die in friedlichem Einvernehmen der Geschlechter im Glauben an die Grosse Göttin lebenden neolithischen Bauernkulturen und zwangen ihnen ihr Patriarchat und ihre indogermanische Sprache auf ...

Heute wissen wir nicht alles besser – aber doch so viel, dass das friedliche Neolithikum der Grossen Göttin leider ein Wunschbild und das „Indogermanenproblem" nicht so einfach zu lösen ist.

Nur 200 Jahre später, gegen Mitte des 3. Jahrtausends, erscheint wieder eine neue Bevölkerungsgruppe. Auch sie kennen wir fast nur aus Gräbern, deren Reglement ähnlich streng ist und doch anders als bei der Schnurkeramik:

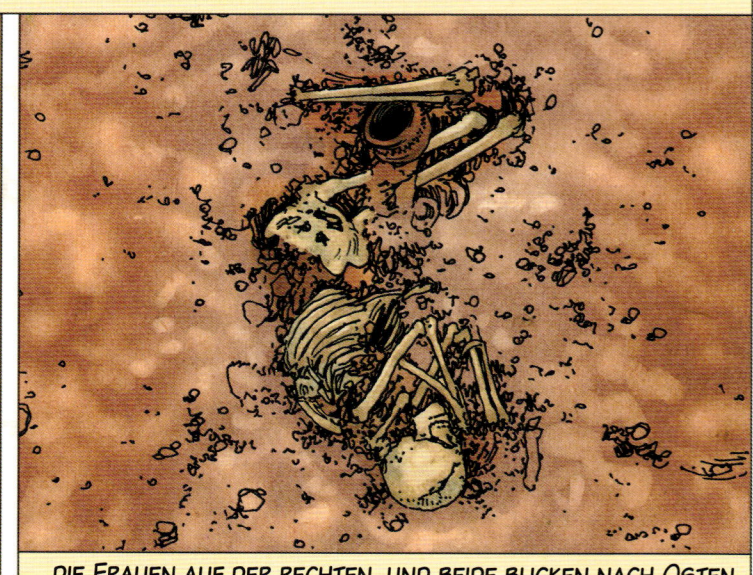

Nun liegen die Männer auf der linken Seite, ...

... die Frauen auf der rechten, und beide blicken nach Osten.

Charakteristische Funde sind, neben den namengebenden Glockenbechern, Pfeilspitzen aus Feuerstein, Armschutzplatten, Eberzahnanhänger ... und die ersten Knöpfe! Kupfer bleibt jedoch bei uns noch rar, im Gegensatz zu anderen Regionen.

Armschutzplatte

Die Verbreitung der Glockenbecher-Kultur umfasst weite Teile West- und Mitteleuropas; ihre Herkunft ist ebenfalls umstritten.

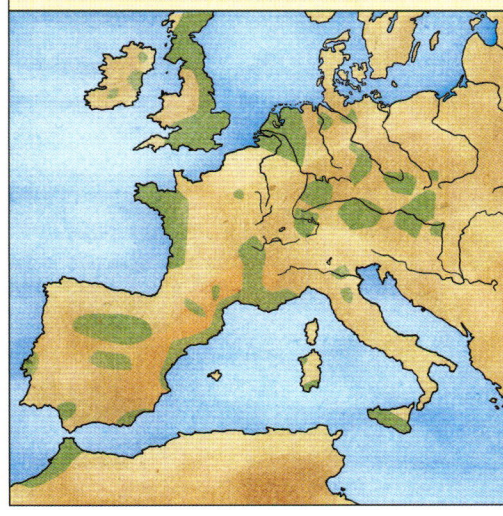

Stellte man sich früher „ein reisiges Volk von Bogenschützen" vor, so kennt man heute einige Siedlungen und denkt eher an die Suche nach und den Handel mit Kupfer. Sie hatten sicher Pferde – ob sie schon darauf geritten sind, ist nicht sicher.

Wenn wir jetzt keinen Nachschub kriegen, haben wir bald nichts mehr anzubieten!

Ja, Kupfer ist knapp dieser Tage; unruhige Zeiten!

Nach einem spürbaren Mangel an Kupferobjekten im späten 4. und frühen 3. Jahrtausend nimmt ihre Zahl bei uns nur langsam wieder zu. Die einfacher zu verhüttenden Erzvorkommen der Alpen und des Balkans waren wohl erschöpft.

Erst gegen Ende des 3. Jahrtausends steigt der Zustrom von Kupfer deutlich an: Man lernt, auch schwefelhaltige Erze zu nutzen. In den Alpen entstehen ganze Reviere mit Bergbau, Verhüttung und Giessen standardisierter Handelsformen samt unterstützender Landwirtschaft.

Hust! Verdammter Qualm!

Auch Umweltschäden blieben wohl nicht aus, durch Kahlschlag für den enormen Holzverbrauch und Dämpfe bei der Verhüttung.

KUPFER AUS GRAUBÜNDEN WIRD IN FORM VON BEILKLINGEN VERKAUFT ...

UM 2200 V. CHR. BEGINNT ALSO DIE BRONZEZEIT. ES GIBT MEHR KUPFER, SONST ÄNDERT SICH ZUNÄCHST NICHT VIEL.

... DIE HERKUNFT DER ÖSENRINGE IST DAGEGEN WENIGER GUT EINZUGRENZEN.

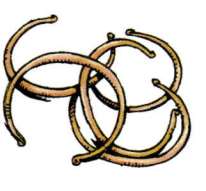

Was willst Du dafür haben?

Was willst Du geben?

IN DEN GRÄBERN VON SINGEN FINDET SICH KUPFER AUS GRAUBÜNDEN, ZUSAMMEN MIT DOLCHEN AUS CORNWALL ODER DER BRETAGNE.

AUS EINEM ROTTENBURGER GRAB STAMMT EIN RING AUS SILBER.

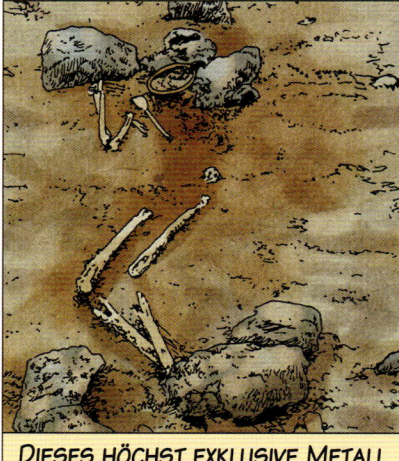

DIESES HÖCHST EXKLUSIVE METALL KÖNNTE AUS SPANIEN STAMMEN ...

... WÄHREND DIE NÄCHSTEN VERWANDTEN DES MENHIRS VON TÜBINGEN-WEILHEIM IN SÜDTIROL UND OBERITALIEN STEHEN.

DIE KLINGE EINES SOLCHEN STABDOLCHES WURDE WENIGE KILOMETER ENTFERNT AUSGEBAGGERT.

IN DER FRÜHEN BRONZEZEIT WERDEN, WIE ES SCHEINT, GELEGENTLICH AUCH WIEDER LANGHÄUSER GEBAUT.

ANDERSWO SETZT MAN AUF KLEINERE HÄUSER.

AM FEDERSEE ENTSTEHT NACH RUND 800 JAHREN PAUSE WIEDER EINE SIEDLUNG. DIE BAUMRING-DATIERUNG VERRÄT, DASS HÖLZER DER PALISADE UM 1764 V. CHR. GESCHLAGEN WERDEN. UM 1730 ERFOLGEN NOCH REPARATUREN.

WENIG SPÄTER WIRD DER ORT, WOHL WEGEN STEIGENDEM WASSERSTAND, WIEDER VERLASSEN.

Die „echte" Zinnbronze* vereint Härte, goldenen Glanz und optimale Gusseigenschaften, die man vor allem ab der Mitte des 2. Jahrtausends v. Chr. immer besser zu nutzen weiss.

*Kupfer mit ca. 10% Zinn.

"Mach schnell, es ist heiss!"

"Hoffentlich – kalte Gussform wäre schlecht!"

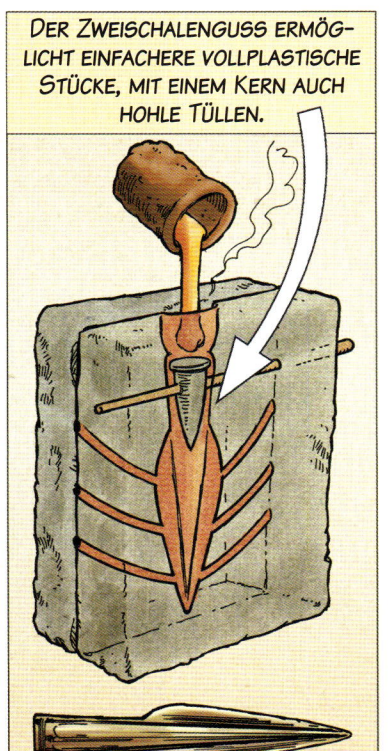

Der Zweischalenguss ermöglicht einfachere vollplastische Stücke, mit einem Kern auch hohle Tüllen.

Beim Wachsausschmelzverfahren macht man ein Modell aus Wachs und hüllt es in einen Tonmantel.

1
2

Hitze lässt das Wachs ausfliessen ...

3 Dann wird Bronze eingegossen.

4 Am Ende wird die Form zerschlagen, um an den Gussrohling zu kommen („Guss in verlorener Form").

Beim Überfangguss kann z. B. der Griff auf eine Dolch- oder Schwertklinge aufgegossen werden. Das Ende der Klinge ragt in die Gussform des Griffes und wird von der eingegossenen Bronze umschlossen. Durch den eingelegten Kern wird der Griff hohl.

Das Versäubern, Schleifen, Verzieren und Polieren nach dem Guss dauert dann oft am längsten ...

Das Ergebnis sind glänzende Waffen für die Herren, wie etwa die neumodischen Schwerter, vielleicht auch ein Goldfingerring ...

... vor allem aber Schmuck für die Damen, gerne ergänzt mit Bernstein und blauem Glas.

Man zeigt, was man hat – und das ist mittlerweile ungleich verteilt: Das begehrte Metall erfordert seltene Rohstoffe, Fachkräfte und europaweite Verbindungen. Wer etwas zu bieten hat, kann Besitz, Ansehen und Macht ansammeln.

Vier unscheinbare Kupferbrocken, zusammen mit hiesigen Beilklingen in Oberwilflingen gefunden ...

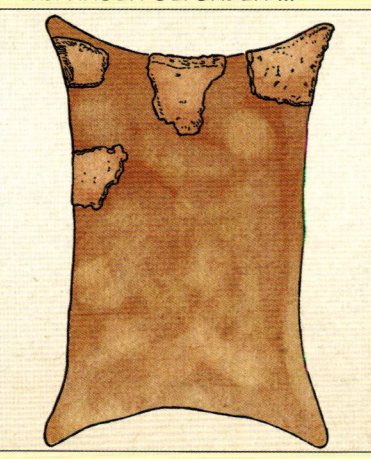

... gehörten laut Analyse sogar zu einem Kupferbarren aus Zypern!

Wer kann, bestattet in Grabhügeln, die manchmal ganze Sippen aufnehmen.

Nicht zufällig heisst das 16. bis 14. Jahrhundert v. Chr. auch Hügelgräberbronzezeit.

Inzwischen hat man auch die richtigen Schafe, um schöne Wollstoffe zu weben.

Im Hegau gibt es offenbar unterschiedliche Häuser ...

... eines wohl auch mit Rauchfang. Die Unmenge der hier gefundenen Hitzesteine lässt viele Deutungen offen ...

... vielleicht sogar die einer Steinbierbrauerei!?

Im 13. Jahrhundert vollzieht auch unser Land einen Wandel europäischen Ausmasses: Die Totenverbrennung wird weithin üblich.

Leichenbrand und mitverbrannte Beigaben werden ausgelesen und in einer Grabgrube oder Holzkammer ausgestreut. Unverbrannte Beigaben kommen hinzu.

Später werden Urnengräber üblich.

Darum heisst das 13./12. bis 9. Jahrhundert auch Urnenfelderzeit.

Anfangs sind Prunkwagen der Gipfel der Selbstdarstellung, wie in den Wagengräbern von Mengen und Königsbronn. Noch seltener bleiben Helm und Panzer.

Ein wichtiges Standesabzeichen ist das Schwert, das nun stabiler und für Stich und Hieb tauglich wird.

Zahlreich sind Funde von einst wertvollen Bronzen aus Gewässern und Mooren: Man opfert seinen Göttern.

Wagen und Wagenmodelle, Vogel- und Mondsichel- oder Hörnermotive, diverse Anhänger, aber auch die Formen von Schwertern oder Alltagsgeräten, die Sitte der Brandgräber und Weihegaben ähneln sich über weite Strecken. Ein reger Austausch von Kenntnissen, Anschauungen und religiösen Vorstellungen verbindet weite Teile Europas untereinander und mit der Ägäis.

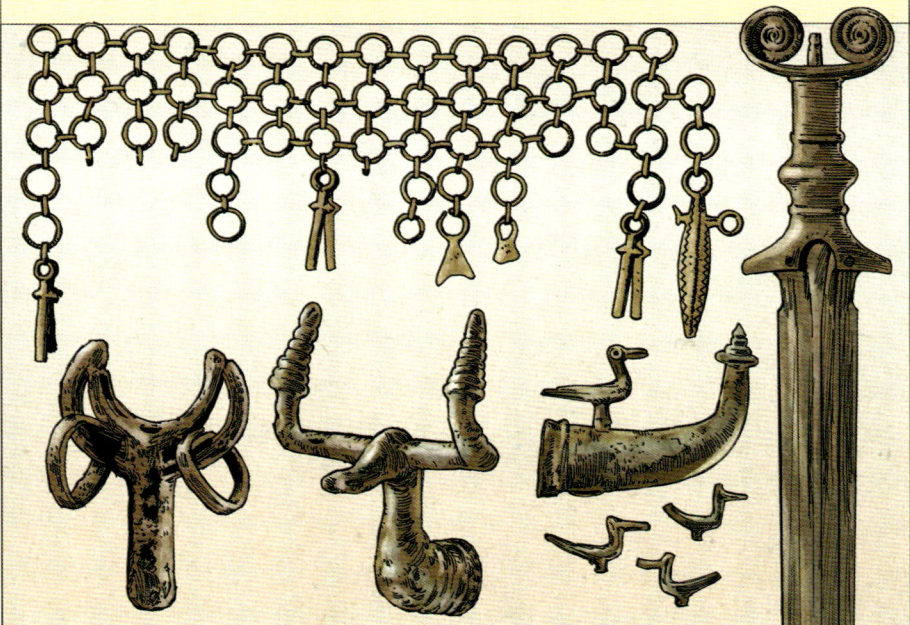

Oder wollte mancher auch seine Ausstattung fürs Jenseits sicherheitshalber lieber selbst vorausschicken?

Gegen 1000 v. Chr. führt wärmeres und trockeneres Klima zum Wiederaufleben von Seeufersiedlungen wie der Wasserburg Buchau am Federsee oder hier in Unteruhldingen.

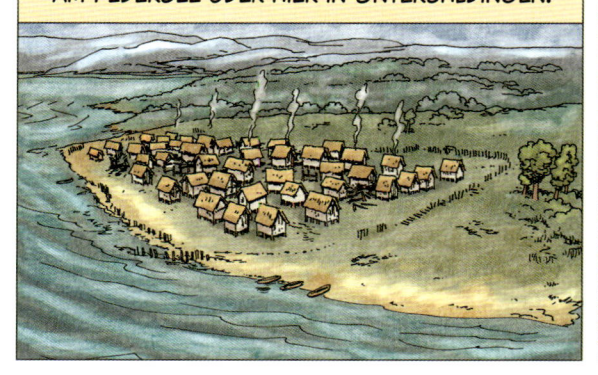

Es entstehen aber auch vermehrt Siedlungen auf Bergen und Hochflächen, nicht selten mit massiven Palisaden oder Holz-Erde-Mauern befestigt.

Häufig finden sich Spuren von Bronzeverarbeitung in diesen Siedlungen.

Die Anzahl teils skurriler, teils „erz-solider" Funde zeigt, dass Bronze alltäglich geworden ist, und auch für Arbeitsgeräte wie Stechbeitel oder Fälläxte benutzt wird.

Die Qualität der Keramik vom Breisacher Münsterberg oder vom Burgberg bei Burkheim lässt dort spezialisierte Töpfereien vermuten, wo man auf der langsam laufenden Drehscheibe arbeitete.

Vom Burkheimer Burgberg stammen auch Trensenknebel aus Knochen, wie sie schon länger in Gebrauch waren, samt Kinnkette aus Eberhauern. Das Mundstück war wohl aus Leder.

Während man bei den bisherigen Trensen nicht sagen kann, ob sie zum Fahren oder Reiten dienten, stammt vom Runden Berg etwas Neues: Diese Trensenknebel finden sich sonst viel weiter im Osten bis zum Kaukasus und werden den Kimmerern* zugeordnet. Manche sehen in ihnen deshalb Reittrensen.

Die Trense aus dem Wagengrab von Königsbronn war bereits ganz aus Bronze – nicht so gesund für das Pferd ...

*Reitervolk am Schwarzen Meer.

Ganz unauffällig schleicht sich ab dem 10. Jahrhundert eine wichtige Neuerung ein.

Ein neues Metall, das so selten ist, dass man es zuerst nur für Schmuckeinlagen in Nadelköpfen, Schwert- oder Messergriffen verwendet: Eisen!

Die ebenfalls in der späten Urnenfelderzeit aufgekommene Sitte, die Toten ebenerdig zu verbrennen und darüber einen Hügel aufzuschütten, leitet bereits in die neue Epoche über: Im frühen 8. Jahrhundert beginnt die Eisenzeit!

Zu dieser Zeit wird das Klima feuchter und kühler. Die Seeufersiedlungen werden aufgegeben.

Auch viele Höhensiedlungen werden verlassen.

So sind unsere Hauptinformationsquellen wieder einmal die Gräber – die der Oberschicht natürlich ...

Schwertträger wie der von Gomadingen stehen ganz oben: Die Klinge aus Eisen, der Griff mit Gold belegt ...

Als Waffe hätte das Gomadinger Schwert gar nicht getaugt: Die kostbare Eisenklinge war gebrochen.

Man hat sie nicht ersetzt, sondern notdürftig geflickt – mit Bronze im Überfangguss!

29

Doch auch ohne Schwert herrscht bunte Pracht in den hölzernen Grabkammern ...

... während die beigabenlosen „unteren Zehntausend" als Aschehäufchen zwischen den Hügeln ruhen.

Die „Giraffenpferde" von Zainingen sind in der sonst streng geometrisch-abstrakten frühen Hallstatt-Welt Baden-Württembergs eine Ausnahme. Ihre eigentliche Heimat dürfte in Böhmen liegen.

Das exklusive Eisen muss anfangs noch importiert werden. Es bleibt im ersten Abschnitt der Eisenzeit prestigeträchtigen Dingen vorbehalten, vor allem Waffen.

800/500 v. Chr.
1600/1300 v. Chr.
ca. 2000 v. Chr.

Das Wissen um seine Erzeugung verbreitet sich von Anatolien aus nur langsam nach Westen.

Die älteste bisher nachgewiesene Eisenverhüttung nördlich der Alpen liegt bei Neuenbürg im Schwarzwald und reicht z.Zt. bis ins 6. Jahrhundert zurück.

Heut geht er aber gut!

Hier liegen Öfen, Poch- und Ausschmiedeplätze eng beisammen.

Die Schlacke rinnt auch schon!

Zwar kommt Eisenerz viel häufiger vor als Kupfer und Zinn, seine Verhüttung ist aber ebenfalls ein mühsames Geschäft.

1 Die Erzbrocken werden zerkleinert ...

2 ... geröstet ...

3 ... weiter zerkleinert ...

4 ... und abwechselnd mit Holzkohle in den Ofen geschichtet.

Bei Bau, Beschickung und Betrieb des Ofens zeigt sich die Kunst des Meisters!

Bis weit ins Mittelalter hinein gibt es keine Öfen, in denen (bei über 1500°C) das Eisen selbst erschmolzen werden kann.

Stattdessen lässt man die schon bei rund 1200°C flüssige Schlacke ausrinnen („Rennfeuerofen").

Übrig bleibt die Luppe – Eisenbrocken, die man erst durchschmieden muss, um Schlacken- und Holzkohlereste auszutreiben. Mühsam!

"Au!"

"Dann bleib halt weg, Dummkopf!"

Die Handelsform sind Barren, deren Qualität nicht immer gleich gut ist ...

"Sprödes Eisen! Nicht gut!"

"Ja, aber hart!"

Bronze bleibt weiter wichtig: Ihres Glanzes wegen und weil sie sich gut giessen lässt, während Eisenobjekte geschmiedet werden müssen. Die neumodischen Fibeln, die nun die Nadeln als Gewandverschluss verdrängen, sind oft aus Bronze.

Dies bleiben nicht die einzigen Neuerungen im späten 7. Jahrhundert.

Statt des Schwertes trägt Mann neuerdings Dolch als Statussymbol: Ebenso individuell wie aufwendig gemacht, aber als Waffe so tauglich wie ein Paradedegen.

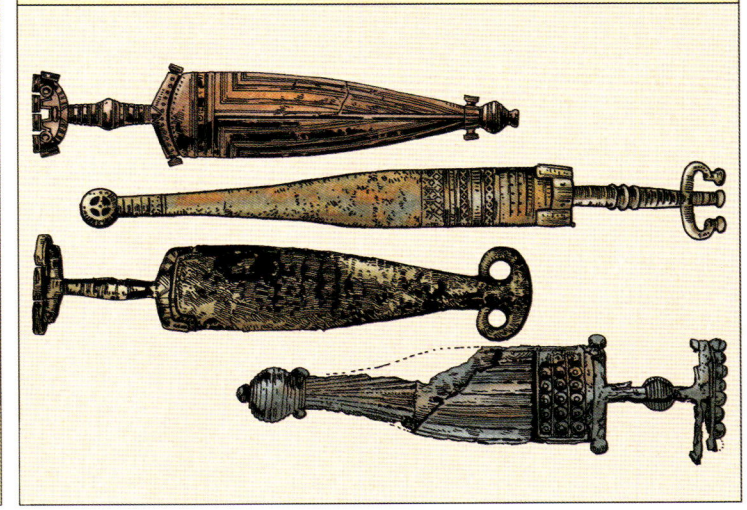

Wie hier im kleineren Hügel von Kappel ersetzen zahlreiche Bronzegefässe das bisher übliche Tongeschirr.

Etliche der massiv gezimmerten Grabkammern erreichen Zimmergrösse, nicht zuletzt um einen Wagen aufzunehmen.

Entsprechend grösser werden die Hügel, oft mit Stein- oder Pfostenkranz, Kreisgraben und einer bekrönenden Steinstele versehen.

Meist sind diese Stelen unbearbeitet, einige jedoch – mehr oder weniger – menschengestaltig. Ihre Vorbilder finden sich südlich der Alpen.

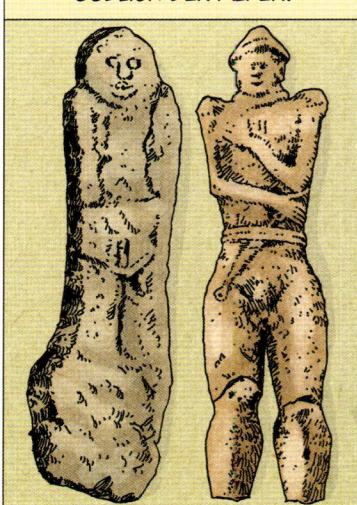

In den Hügeln liegen weitere, bescheidenere Nachbestattungen, wofür man oft noch weiter aufschüttet. Die grössten Grabhügel entstehen gleich am Ende des 7. Jahrhunderts: Das Bürgle bei Buchheim mit 120 m Durchmesser und der Magdalenenberg bei Villingen mit über 100 m und einst wohl 140 Nachbestattungen.

Nicht immer schützt eine tonnenschwere Steinpackung die Kammer vor Plünderern!

Was ist? Hast du was?

Ja ... gleich ...

WÜRG! KOTZ! SPOTZ!

Kein angenehmer Job, wenige Jahre oder nur Monate nach dem Begräbnis ...

... aber wohl lohnend: Die zentralen Grabkammern der hohen Herren und Damen werden nicht umsonst seit 130 Jahren „Fürstengräber" genannt.

Oft genug mussten Archäologen feststellen, dass antike Grabräuber ihnen zuvorgekommen waren!

Umso grösser ist die Begeisterung, wenn ein unberaubtes Prunkgrab zeitgemäss erforscht werden kann – wie das von Eberdingen-Hochdorf. Durch günstige Umstände blieben sogar Reste von Holz, Fell, Leder und prächtigen Stoffen erhalten!

Einzigartiges Prunkstück des Hochdorfer Grabes ist das drei Meter lange Bronze-Sofa auf Rollen. Ob es aus dem Ostalpenraum, aus Italien oder doch „von hier" kommt, ist unsicher.

Die Gräber der Oberklasse inszenieren den Toten als grosszügigen Gastgeber prunkvoller Gelage: Der Kessel fasst 500 Liter, das grosse Trinkhorn 5,5 Liter!

Elfenbein-Einlagen einer griechischen Kline (Liegesofa) aus der Grabkammer des Grafenbühl bei Ludwigsburg und allerlei importiertes Trinkgeschirr zeigen deutlich: Das griechisch-etruskische Symposion ist das Vorbild für die „Fürsten".

Das Drechseln von Holz, Bernstein, Knochen etc. kommt ebenfalls aus dem Süden ...

... genau wie die schnell laufende Töpferscheibe im 5. Jahrhundert.

Die Heuneburg erhält eine nördlich der Alpen einzigartige Wehrmauer aus Lehmziegeln. Als Lehrmeister kommen Etrusker, Griechen oder Karthager in Frage.

Plinius* wird später erzählen, der Helvetier Helico habe einst als Handwerker in Rom gearbeitet und eine Traube, eine Feige und Wein mit heimgebracht – eine Legende mit wahrem Kern: Es gab wohl einige Helicos im Süden, die offensichtlich nicht nur Leckereien heimbrachten.

*Römischer Gelehrter (gestorben 79 n. Chr.).

Zur Zeit der Lehmziegelmauer im 6. Jahrhundert v. Chr. ist die Heuneburg von einer wohl an die 100 Hektar grossen Aussensiedlung umgeben. Herodot, der griechische Historiker, schreibt hundert Jahre später, dass die Donau bei den Kelten entspringe und bei einer Stadt Pyrene – ob er damit die Heuneburg meint, wissen wir erst, wenn das Ortsschild gefunden wird ...

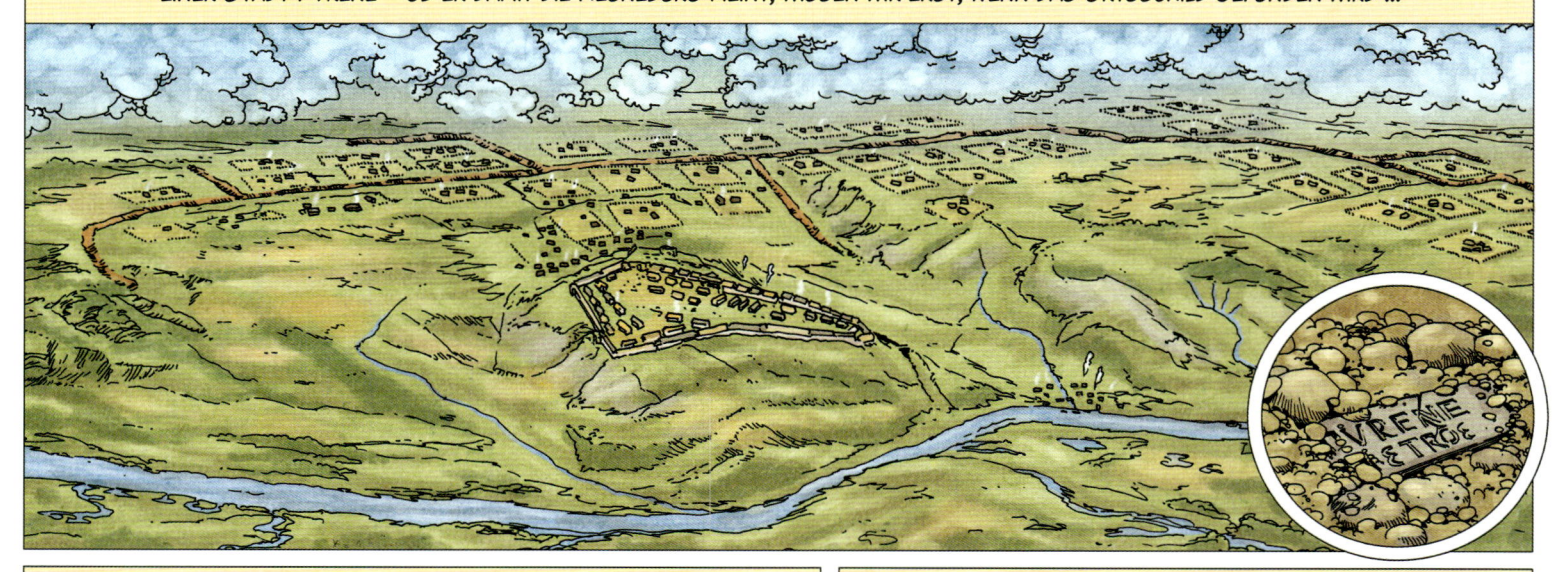

... Wer sind diese „Fürsten", die auf der Heuneburg sitzen, auf dem Hohenasperg, dem Ipf, dem Breisacher Münsterberg und anderswo? Einige waren miteinander verwandt.

Ihr Aufstieg hängt mit intensiveren Südkontakten zusammen: Ab 600 v. Chr. gibt es griechische Kolonien in Südfrankreich, in der Poebene rücken die Etrusker vor, und beide pflegen offenbar zunehmend den Austausch mit dem Keltenland.

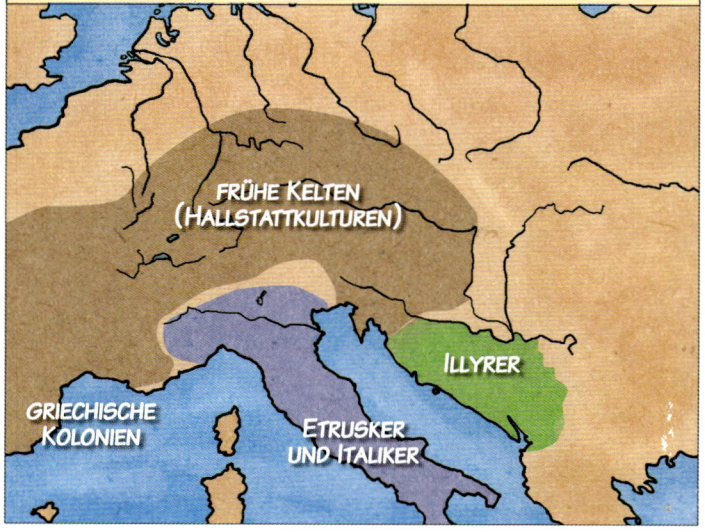

Ob die kostbaren goldenen Beigaben für ein dreijähriges Mädchen nahe der Heuneburg lediglich die Trauer ihrer Eltern ausdrücken oder auch den Anspruch, dass ihre Macht vererblich sei, wissen wir nicht.

Woraus die „Fürsten" ihren Reichtum zogen und welche Gegengaben für Wein und Luxusgüter nach Süden gingen, ist noch offen. Denkbar wären etwa Zinn, Gold, Salz und Eisen, Bernstein, Wachs und Honig, Felle, aber auch Sklaven – oder Krieger?

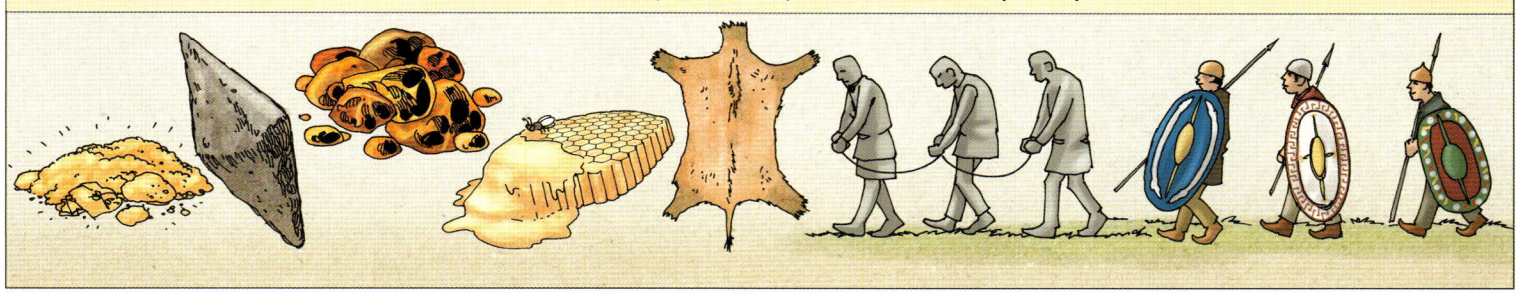

Konflikte gibt es offenbar auch: Die Heuneburg brennt mehrmals nieder, zuletzt zwischen 500 und 450 v. Chr. Sie wird nicht wieder aufgebaut.

Andere „Fürstensitze" bestehen weiter, wie der Ipf bei Bopfingen, der sich in dieser Rolle anscheinend zeitweise mit dem nahen Goldberg (vorn) abwechselt – und wo man weiterhin Wein aus griechischem Geschirr trinkt.

Dennoch: Im Südwesten endet im Lauf des 5. Jahrhunderts die Ära der „Hallstattfürsten"; das Phänomen verlagert sich nach Norden und Westen.

Damit einher geht ein auffälliger Wandel: Die weitgehend bildlose, geometrische Zierweise der Hallstattzeit ...

... wandelt sich unter dem Eindruck der mediterranen, griechisch-etruskischen Pflanzen- und Rankenornamente zu dem, was wir als typisch und unverwechselbar keltisch kennen: Wellenranken, Spiralen und Vexierbilder aus plastischen Masken und Fratzen.

Auch sonst ändert sich einiges. Man gibt sich kriegerisch: Lanze, Schild und (seltener) Schwert und eiserner Helm kommen ins Grab, die Bestattungen erscheinen geradezu gleichförmig und bescheiden.

Auch hier bleiben uns die Hintergründe dieses Wandels verborgen.

Dieser letzte Abschnitt der Eisenzeit beginnt kurz vor der Mitte des 5. Jahrhunderts v. Chr. und heisst Latènezeit, nach dem Fundort La Tène in der Schweiz.

Viele Siedlungen und offenbar auch manch heiliger Platz werden weiter genutzt.

Sie hat so lange gearbeitet an dem Mantel ...

Hoffentlich nimmt die Göttin das Opfer auch an!

Unterhalb des Heidentors bei Egesheim kam eine grosse Anzahl von Fibeln zutage. Wurden hier Gewänder samt Gewandspangen einer Gottheit geopfert?

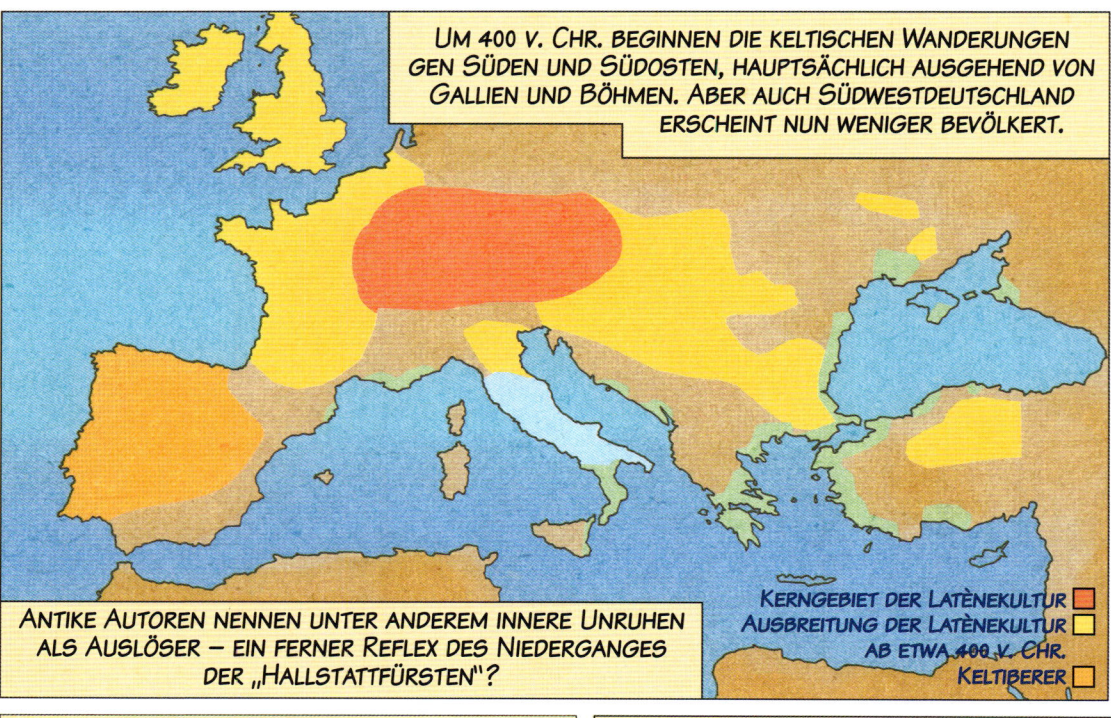

Die Kultbilder von Heidelberg und Holzgerlingen mit ihren Efeublattkronen zeugen hingegen von veränderten Glaubensvorstellungen, ohne dass wir Genaueres darüber wüssten.

Um 400 v. Chr. beginnen die keltischen Wanderungen gen Süden und Südosten, hauptsächlich ausgehend von Gallien und Böhmen. Aber auch Südwestdeutschland erscheint nun weniger bevölkert.

Kerngebiet der Latènekultur
Ausbreitung der Latènekultur ab etwa 400 v. Chr.
Keltiberer

Antike Autoren nennen unter anderem innere Unruhen als Auslöser – ein ferner Reflex des Niederganges der „Hallstattfürsten"?

Eine merkliche Klimaverschlechterung um 400 v. Chr. hat den Wunsch wegzuziehen sicherlich bestärkt.

In den folgenden gut zweihundert Jahren spiegelt sich in den Funden wenig Aussergewöhnliches.

Ob in den Brandgräbern von Magstadt oder Giengen mit schönen Schwertscheiden und Schmuck bereits die Vorfahren der später* in Südwestdeutschland bezeugten Helvetier lagen, ist nicht sicher.

Rückkehrer aus dem Süden bringen nicht nur Erfahrungen und Ideen, sondern auch exotische Dinge in die alte Heimat.

Ein würdiges Opfer für deine glückliche Heimkehr!

War der Trichtinger Silberring solch ein Mitbringsel? Erklärt dies die rätselhafte keltisch-orientalische Mixtur dieses Unikums?

*Siehe Seite 43!

Schön ist das Tal der Dubra*! Fluss unserer Väter – und Handelsweg seit jeher. Und dort droben wäre ein guter Platz für ein Oppidum, wie in der Gallia Cisalpina**!

*Tauber. **„Gallien diesseits der Alpen" (aus italienischer Sicht), das keltisch besiedelte Oberitalien.

Mit Mauern und Toren, Handwerkern und Händlern mit köstlichem Wein aus dem Süden?

Damit wir die Winterkälte besser ertragen.

Grosse Wallanlagen entstehen nicht nur bei Finsterlohr an der Tauber, sondern etwa auch bei Zarten im Schwarzwald und oberhalb von Bad Urach bei Grabenstetten. Diese drei könnte Claudius Ptolemäus* mit den Orten Locoritum, Tarodunum und Riusiava. gemeint haben.

*griech. Geograf (siehe S.43!).

Die beeindruckenden Mauern können mehrere hundert Hektar umschliessen, doch ist davon nur ein kleiner Teil bebaut. Der Rest ist Wirtschaftsfläche oder Schutzraum bei Gefahr für die Bewohner der Umgebung.

Hoffentlich hält die dreissig Jahre.

Die sollen dann unsere Kinder richten!

Der Heidengraben bei Grabenstetten ist mit rund 1700 Hektar die grösste Anlage überhaupt.

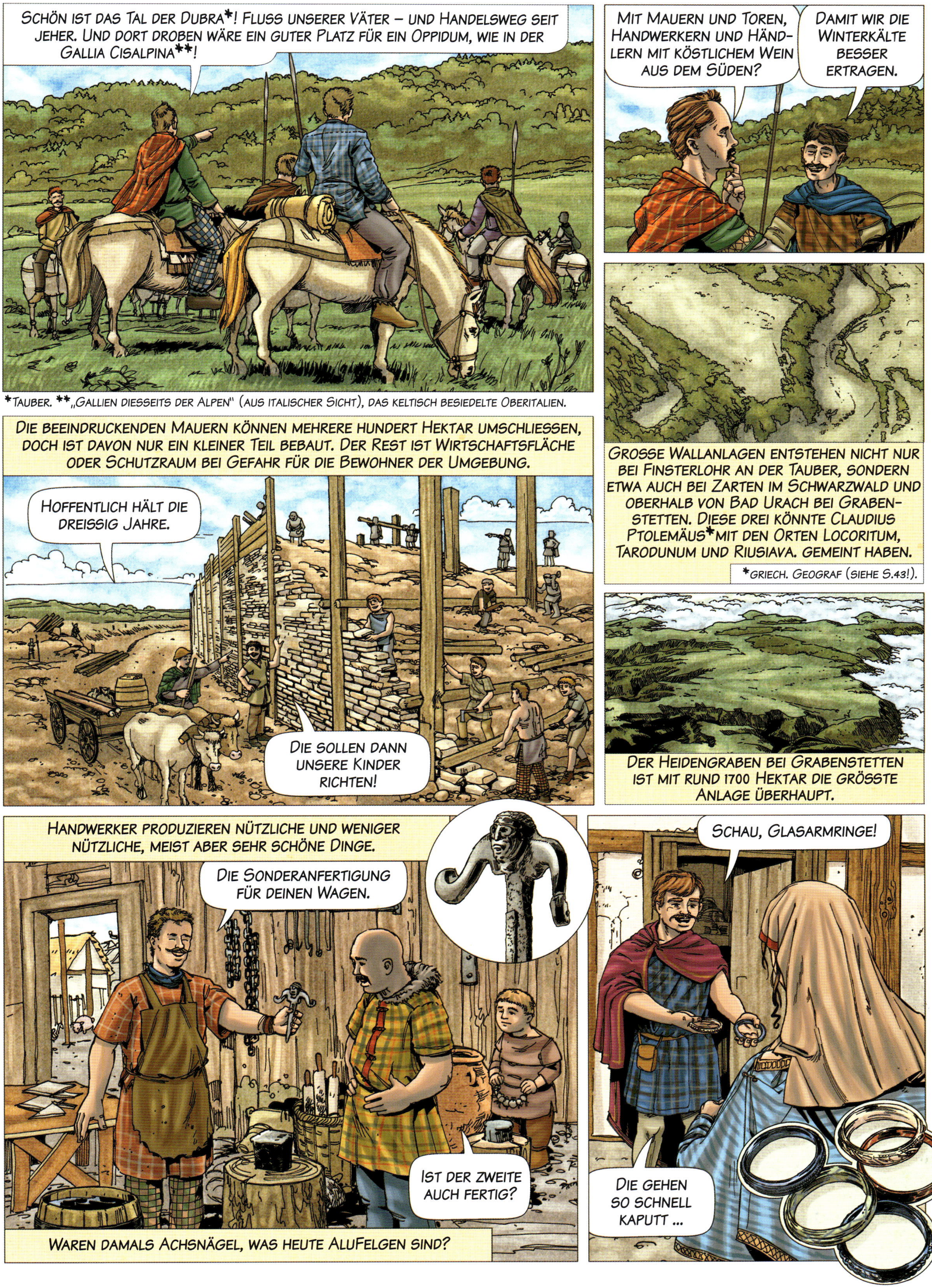

Handwerker produzieren nützliche und weniger nützliche, meist aber sehr schöne Dinge.

Die Sonderanfertigung für deinen Wagen.

Ist der zweite auch fertig?

Schau, Glasarmringe!

Die gehen so schnell kaputt ...

Waren damals Achsnägel, was heute Alufelgen sind?

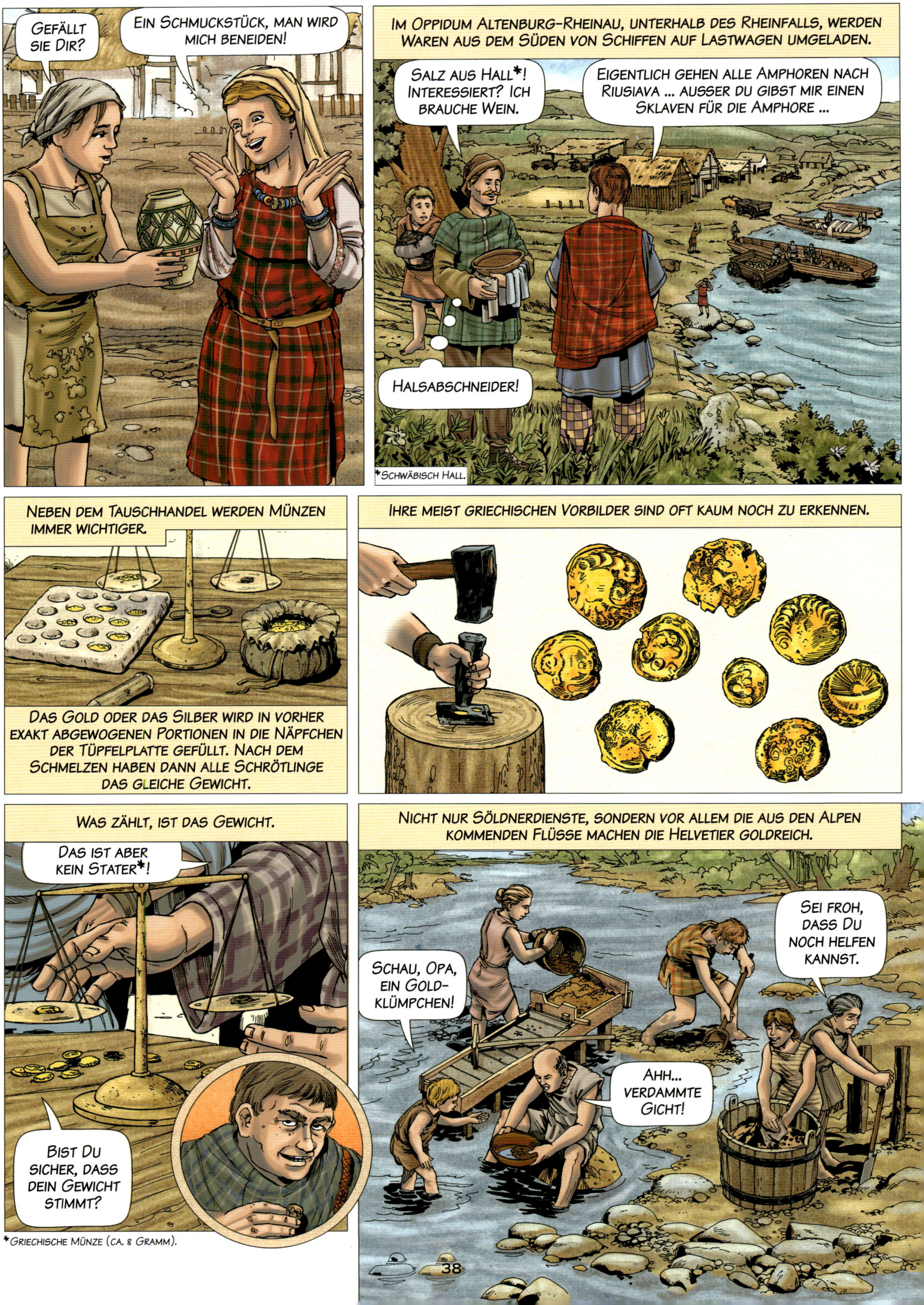

*Griechische Münze (ca. 8 Gramm).

DANEBEN GIBT ES NOCH WEITERE GROSSE SIEDLUNGEN, DIE GAR NICHT ODER NUR LEICHT BEFESTIGT SIND, WIE IN BREISACH-HOCHSTETTEN, RIEGEL, KONSTANZ ...

... ODER ENGEN-WELSCHINGEN, DAS EINE HOLZPALISADE SCHÜTZT.

MANCHE WERDEN ERST SPÄTER BEFESTIGT, WIE TARODUNUM* ODER BREISACH – ODER AUCH NICHT: DAS NEUE TARODUNUM WIRD NIE FERTIG GEBAUT.

DAS EISEN AUS DEN ADNOBA**-BERGEN MACHT UNS ALLE REICH. HOFFENTLICH SIND DIE BALD FERTIG MIT DER NEUEN STADTMAUER ...

BEFÜRCHTEN SIE KRIEG?

AUF JEDEN FALL SIND WIR DAHINTER SICHERER.

*KIRCHZARTEN.   **SCHWARZWALD.

AUF DEM LAND LEBT MAN IN BEFESTIGTEN GUTSHÖFEN, DEN VIERECKSCHANZEN, DIE MAN LANGE ALS HEILIGTÜMER ANSAH.

DOCH DIE „OPFER"-SCHÄCHTE WAREN BRUNNEN ...

IN TIEFEN GRUBEN SAHEN ARCHÄOLOGEN OPFERSCHÄCHTE, VIELLEICHT SOGAR FÜR DAS BLUT VON MENSCHEN, WIE MAN DIES AUF DEM BRONZEKESSEL VON GUNDESTRUP ZU ERKENNEN GLAUBT.

... UND DIE „KULT"- GEBÄUDE WOHNHÄUSER.

... WAS NICHT AUSSCHLIESST, DASS ES, WIE IN FELLBACH-SCHMIDEN, KULTBILDER UND AUCH KULTGEBÄUDE GAB.

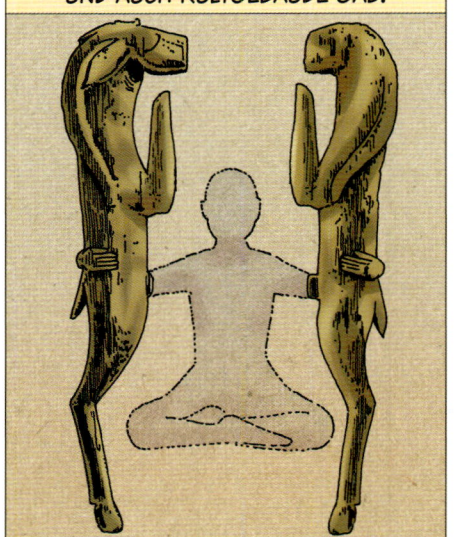

GUTSHÖFE WIE DER IN BOPFINGEN BILDEN SOGAR DEN MITTELPUNKT EINER SIEDELGEMEINSCHAFT.

OBWOHL HIER OFFENSICHTLICH VIELE MENSCHEN LEBEN, FINDEN WIR KAUM GRÄBER. WAS GESCHAH MIT DEN TOTEN?

WURDEN SIE IN BÄUMEN AUFGEBAHRT?

TRUGEN VÖGEL DEN KÖRPER IN DEN „HIMMEL"?

BEWAHRTE MAN NUR EINZELNE KNOCHEN AUF IM ANDENKEN AN DIE TOTEN?

BEISPIELE AUS GALLIEN UND DER SCHWEIZ DEUTEN AUF KOMPLIZIERTE, MEHRSTUFIGE BESTATTUNGSRITEN, DIE WIR NUR ERAHNEN KÖNNEN.

ETWA 110 V. CHR. EIN RIESIGER TROSS VON MENSCHEN ZIEHT DURCH DAS LAND DER HELVETIER DONAUAUFWÄRTS NACH WESTEN, IN RICHTUNG GALLIEN.

EINEN KNAPPEN TAGESRITT NÖRDLICH AUF DEM OPPIDUM RIUSIAVA*.

TAUSENDE VON MENSCHEN, EIN TROSS ÜBER 10 LEUGEN LANG ZIEHT DIE DONAU HINAUF.

ES SIND KIMBERN** UND VON UNSEREN NACHBARN, DEN TEUTONEN***, SIND AUCH WELCHE DABEI.

GEHT ZU KÖNIG ATULLOS.

*VIELLEICHT DER HEIDENGRABEN (SIEHE S. 37!); VERMUTLICHER HAUPTORT DER TIGURINER (TEILSTAMM DER HELVETIER) BEI GRABENSTETTEN.
**GERMANISCHES VOLK AUS JÜTLAND, ANGEBLICH UM 120 V. CHR. VON EINER STURMFLUT VERTRIEBEN.
***VERMUTLICH KELTISCHER STAMM MIT STAMMESSITZ AUF DEM OPPIDUM VON FINSTERLOHR (SIEHE S. 37!).

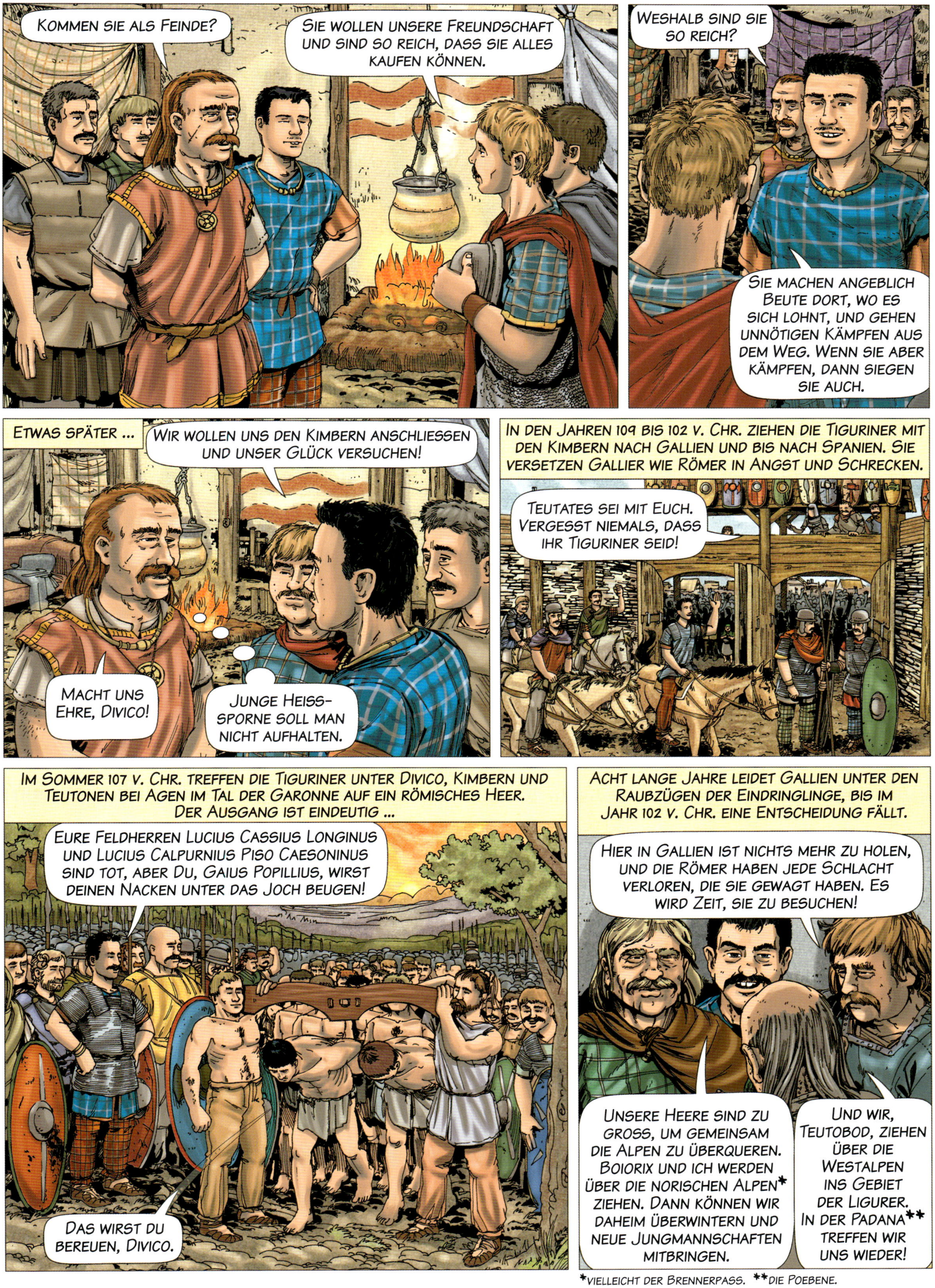

*VIELLEICHT DER BRENNERPASS. **DIE POEBENE.

ABER ROM BLEIBT NICHT UNTÄTIG. DER ZUM FELDHERRN ERNANNTE KONSUL GAIUS MARIUS KREMPELT DAS RÖMISCHE HEER VÖLLIG UM ZU EINER DURCHORGANISIERTEN, DISZIPLINIERTEN BERUFSARMEE. NOCH IM JAHR 102 SCHLÄGT ER DIE TEUTONEN BEI AQUAE SEXTIAE* UND IM JAHR DARAUF DIE KIMBERN BEI VERCELLAE**.

*AIX-EN-PROVENCE.
**VERCELLI IN PIEMONT.

DIE TIGURINER JEDOCH KÖNNEN DIESEM SCHICKSAL ENTGEHEN – WEIL SIE ETWAS ZU SPÄT KOMMEN ...

UNWEIT DES SCHLACHTFELDES FAND MAN EINEN SCHATZ EBENSOLCHER MÜNZEN, WIE SIE AUCH AM HEIDENGRABEN GEFUNDEN WURDEN.

MARIUS HAT DIE KIMBERN VOLLSTÄNDIG BESIEGT. ES IST FURCHTBAR.

HOL DIE ANFÜHRER. WIR KEHREN IN DIE HEIMAT ZURÜCK, BEVOR UNS DIE RÖMER NOCH ERREICHEN.

SO ZIEHEN SIE WIEDER HEIM, DOCH SIE WERDEN NICHT MEHR LANGE BLEIBEN.

NICHT NUR REICH, AUCH BERÜHMT KEHREN WIR HEIM!

IN DEN FOLGENDEN JAHRZEHNTEN WIRD DIE LAGE IN GANZ SÜDDEUTSCHLAND UNGEMÜTLICH UND UNÜBERSICHTLICH.

DIESES GERMANENPACK GEHT MIR AUF DIE NERVEN!

ICH DACHTE, WIR HÄTTEN FRIEDEN MIT DIESEM TEUTOMAR?!

AN MAIN UND TAUBER SIEDELN BEREITS GERMANEN NEBEN KELTEN. DIE SUEBEN* UNTER ARIOVIST, VON DEN SEQUANERN** NACH GALLIEN GERUFEN, STREIFEN VERMUTLICH AUCH DURCH SÜDWESTDEUTSCHLAND.

DAS WAREN NICHT TEUTOMARS LEUTE. ABER WER DANN?

EHER WELCHE VON DIESEM ARIOVIST. SIE MACHEN DRUCK, UM AUCH UNS AUF IHRE SEITE ZU ZWINGEN.

MAN WEISS BALD SELBST NICHT MEHR, WER FREUND IST UND WER FEIND!

*GERMANISCHER STAMMESVERBAND.
**GALLISCHER STAMM UM BESANÇON.

Die Helvetier haben auf die Dauer wenig Lust, sich in endlosen Scharmützeln mit germanischen Streifscharen aufzureiben.

Sie geben die alten Siedlungsgebiete auf und ziehen sich ganz in das Gebiet zurück, dem sie später – viel später – ihren Namen leihen werden.

Aber nicht alle gehen. Einige bleiben, und noch 2000 Jahre später bezeugen Getreidepollen ihren Ackerbau.

So irrt 200 Jahre später ein Gelehrter im fernen Alexandria namens Claudius Ptolemäus in einem bestimmten Punkt …

…Ἑλουητίων ἔρημος*…

*… die Einöde der Helvetier …

Schon 58 v. Chr. wollen die Helvetier aus der Schweiz weiter nach Gallien auswandern. Ihr Anführer ist Divico.

Wir stellen keine Geiseln, wir nehmen sie, wie Du wohl weisst, Römer. Und es gibt kein Zurück, denn wir haben alles hinter uns zerstört. Wir werden eine andere Route wählen.

Dein Hochmut wird Dir noch vergehen, Divico!

Doch nichts kann Caesar von seinen Plänen abhalten. Er findet einen Anlass und beginnt das, was später der Gallische Krieg heissen wird.

Ihr werdet in eure Heimat zurückkehren und eure Städte und Dörfer wieder aufbauen.

Der Weg entlang der Rhône ist seit 121 v. Chr. römische Provinz. Ihr Verwalter hat grosse Ambitionen, nur übertroffen von seinen Schulden. Sein Name ist Gaius Iulius Caesar, und er stellt Bedingungen.

Das ist Roms Vergeltung für die Schmach vor 50 Jahren!

Sechs Jahre später ist ganz Gallien unterworfen – und Caesar ein reicher Mann …

Von den grösseren Siedlungen in Baden-Württemberg scheinen nur die Oppida von Altenburg-Rheinau und Breisachs Münsterberg sowie vielleicht Konstanz weiter zu bestehen, bis die Römer einige Jahrzehnte später auch hierher kommen – aber das ist eine andere Geschichte.

43

SCHAUPLÄTZE DER GESCHICHTE

Die in der Karte aufgeführten Orte werden in diesem Band erwähnt.

- Heidelberg
- Mauer
- Reilingen
- Finsterlohr
- Heilbronn-Klingenberg
- Talheim
- (Schwäbisch) Hall
- Michelsberg
- Steinheim a.d. Murr
- KARLSRUHE
- Hochdorf/Enz
- Oberwilflingen
- Bopfingen/Ipf
- Neuenbürg
- Cannstatt
- Fellbach-Schmiden
- Magstadt
- STUTTGART
- Königsbronn
- Holzgerlingen
- Giengen
- Nebringen
- Heidengraben
- Lonetal
- TÜBINGEN
- Zainingen
- Rottenburg
- Weilheim
- RunderBerg
- Kilchberg
- Stockach
- Blaubeuren
- ULM
- Gomadingen
- Achtal
- Tricktingen
- Kappel
- Dotternhausen
- Riegel
- Egesheim
- Burkheim
- Buchheim
- Heuneburg
- Breisach
- Magdalenenberg
- Mengen
- Federsee
- FREIBURG
- Zarten
- Brudertal
- Hegau (Mühlhausen-Ehingen)
- Singen
- Kleinkems
- Unteruhldingen
- Schwörstadt
- Degernau
- Hornstaad
- Altenburg-Rheinau
- KONSTANZ

Rhein · Main · Tauber · Neckar · Donau

Schritt für Schritt durch die Zeiten

Altsteinzeit (Paläolithikum)
ca. 630.000-600.000 v. Chr.
Unterkiefer von Mauer („homo heidelbergensis")
S. 3-4

ca. 300.000-250.000 v. Chr.
Frau von Steinheim
Lagerplätze von Bad Cannstatt S. 5-6

ca. 100.000-50.000 v. Chr.
Neandertaler in der Großen Grotte S. 6

ca. 40.000 v. Chr.
anatomisch moderne Menschen wandern ein S. 8

Eiszeitkunst S. 9-10

ca. 15.500-14.000 v. Chr.
Rentierjäger im Brudertal S. 12

ca. 9600 v. Chr.
Mittelsteinzeit (Mesolithikum) S. 13
Zeit der Waldjäger

ca. 5600 v. Chr.
Jungsteinzeit (Neolithikum)
erste Bauern S. 14-16

ca. 4.500 v. Chr.
Seeufer- und Moorsiedlungen S. 17

ca. 3.000 v. Chr.
Rad und Wagen, Bohlenwege S. 19

ca. 2200/2100 v. Chr.
Bronzezeit S. 26

ca. 800 v. Chr.
ältere Eisenzeit oder Hallstattzeit

ca. 600 v. Chr.
Eisenverhüttung in Neuenbürg S. 30-31

ca. 630-450 v. Chr.
Hallstatt-„Fürsten" S. 31-33

ca. 600 v. Chr.
Lehmziegelmauer der Heuneburg S. 34

ca. 460 v. Chr.
jüngere Eisenzeit oder Laténezeit

ca. 400 v. Chr.
keltische Wanderungen S. 36

ca. 200-100 v. Chr.
Zeit der *oppida* S. 37-38

ca. 110 v. Chr.
Tiguriner ziehen mit Kimbern und Teutonen
S. 40-42

1. Jahrh. v. Chr.
späte Kelten und frühe Germanen S. 42-43

ca. 15 v. Chr.
Römer in Süddeutschland (Alpenfeldzug)
(siehe Band 2!)

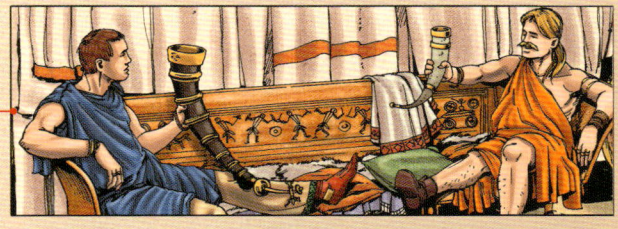

45

DARF ES ETWAS MEHR SEIN?

Wer Funde im Original sehen möchte ...

Landesmuseum Württemberg in Stuttgart:
Funde aus dem Cannstatter Travertin (S. 6)
Blattspitze aus der Haldensteinhöhle bei Urspring (S. 7, Bild 3)
Figürchen aus dem Geißenklösterle und Felidenköpfchen aus der Vogelherdhöhle (S. 9, Bild 1 links oben und unten rechts)
Salezer Beile von Erpfingen und Ösenhalsringe von Pfedelbach-Untersteinbach (S. 24, Bild 1)
Grabinventar von Rottenburg Herderstraße (S. 24, Bild 3)
Stabdolchklinge von Rottenburg-Kiebingen (S. 24, Bild 4)
Grabfunde von Nehren (S. 26, Bild 1)
Wagen- und Pferdegeschirrteile von Königsbronn (S. 27, Bild 4 und Bild 6 unten rechts)
Barrenbruchstücke von Oberwilflingen (S. 26, Bild 3)
Schwert von Bad Buchau, Kettengehänge von Neuffen, Miniaturaufsätze von Gammertingen (S. 27, Bild 6)
Messer von Dotternhausen (S. 29, Bild 1)
Trensenknebel vom Runden Berg (S. 28, Bild 7)
Grabfunde von Gomadingen (S. 29 unten und 35, Bild 4 Mitte)
«Giraffenpferde» von Zainingen (S. 30, Bild 2)
Funde aus dem «Römerhügel» bei Ludwigsburg (S. 31, Bild 5 oben)
Funde aus dem «Fürstengrab» von Hochdorf (S. 31, Bild 5, 2. v. oben; 32, Bild 5; 33, Bild 1)
Funde von Bad Cannstatt und Ditzingen-Schöckingen (S. 32, Bild 4 links und Mitte oben)
Stelen von Stammheim und Hirschlanden (S. 32, Bild 1)
Weinamphore aus Südfrankreich und Scherbe eines griechischen Weinmischgefäßes von der Heuneburg (S. 34, Bild 2 und 33, Bild 2 rechts)
Elfenbein-Plättchen eines griechischen Möbels aus dem «Grafenbühl» bei Asperg (Seite 33, Bild 2 links)
Goldzierrat aus dem Kleinaspergle (S. 35, Bild 5 oben)
Schmuck und Waffen des Paares von Nebringen (S. 35, Bild 6)
Stele von Holzgerlingen (S. 36, Bild 2 rechts)
Grabfunde von Giengen (S. 36, Bild 5)
Silberring von Trichtingen (S. 36, Bild 6)
Achsnagel vom Heidengraben (S. 37, Bild 6)
Flasche (S. 38, Bild 1) und Holzfiguren (S. 40, Bild 1) von Fellbach-Schmiden
Münze des Atullos (S. 40, Bild 8 und 42, Bild 2)

Badisches Landesmuseum in Karlsruhe:
Kopf von Heidelberg (S. 36, Bild 2 links)
Eberhauer von Karlsruhe-Neureut (S. 28)
Dolch von Salem (S. 31, Bild 3, 3. v. oben)
Fibeln von Oberwittighausen (S. 35, Bild 5)
Glasarmringe von Sinsheim-Dühren (S. 37, Bild 7)

Archäologisches Landesmuseum Baden-Württemberg in Konstanz:
Kalkperlen und Kupferscheibe von Hornstaad (S. 17, Bild 5)
Menhir von Tübingen-Weilheim (S. 24, Bild 4)

Museum Schloss Hohentübingen in Tübingen:
Figürchen aus der Vogelherdhöhle und vom Hohlen Fels (S. 9, Bild 1 rechts oben und links unten)
Scheibenhalsring von Sulzfeld (S. 35, Bild 5)

Archäologisches Hegau-Museum in Singen:
Dolche, Ruderblattnadel und andere Funde aus dem Gräberfeld von Singen (S. 24, Bild 2)
Grabfunde von Orsingen-Nenzingen (S. 30, Bild 1)

Archäologisches Museum Colombischlössle in Freiburg:
Funde aus dem kleineren Hügel von Kappel (S. 31, Bild 6)
Horkheimer Nadel und andere Funde aus dem Gräberfeld von Singen (S. 24, Bild 2 Mitte)

Federseemuseum in Bad Buchau:
Gürtelblech von Wolfegg (S. 35, Bild 4 oben)
Nachbauten von Speerschleudern (S. 12, Bild 3)

Staatliches Museum für Naturkunde am Löwentor in Stuttgart:
Schädel von Steinheim (S. 5)
Funde aus dem Cannstatter Travertin (S. 6)

Ulmer Museum:
Löwenmensch aus dem Hohlenstein-Stadel
(S. 9, Bild 1 rechts außen und 10, Bild 1)

Städtische Museen Esslingen – Museum im Gelben Haus:
Funde von Esslingen-Sirnau (S. 32, Bild 4 rechts unten)

Städtische Museen Heilbronn – Archäologiemuseum:
Ausstattung der «Dame von Klingenberg» (S. 26, Bild 2)
Funde von Talheim (S. 16, Bild 1-2)

Franziskanermuseum in Villingen-Schwenningen:
Dragofibel und andere Funde vom Magdalenenberg
(S. 31, Bild 4 rechts und 32, Bild 4)

Fürstlich Hohenzollerische Sammlung in Sigmaringen:
Kanne und andere Grabfunde von Inzigkofen-Vilsingen
(S. 33, Bild 2 Mitte)

Urgeschichtliches Museum in Mauer:
Nachbildung des Unterkiefers von Mauer, Überreste der zeitgenössischen Tierwelt (S. 3-4).

Museum für Geologie und Paläontologie der Universität Heidelberg:
Unterkiefer von Mauer (S. 3-4)

... und noch vieles mehr, dort und in weiteren Museen im Land!

Wer ein wenig durch die Zeiten spazieren möchte ...

... findet in der Karte «Archäologische Denkmäler in Baden-Württemberg» mit Begleitbuch, gemeinsam herausgegeben vom Landesamt für Geoinformation und Landesentwicklung und dem Landesamt für Denkmalpflege, eine mit über 500 Stationen schier unerschöpfliche Quelle. Sie enthält neben den in diesem Band genannten sowie vielen weiteren Geländedenkmälern auch archäologische Wanderwege, Lehrpfade und Museen. Eine gute Ergänzung ist der bei Theiss (Stuttgart) erscheinende Führer «Museen in Baden-Württemberg», der auch archäologische Unterabteilungen in Museen mit anderen Schwerpunkten verzeichnet.

Vielerlei unmittelbare Eindrücke vom Leben in der Vorgeschichte vermitteln die archäologischen Freilichtmuseen im Land. Den Moor- und Seeufersiedlungen (S. 17, 19, 24 unten und 28, Bild 1) widmen sich das *Pfahlbaumuseum in Unteruhldingen* am Bodensee und das *Federseemuseum in Bad Buchau*. Aus keltischer Zeit sind auf der *Heuneburg* bei Hundersingen einige Gebäude sowie ein Teil der Lehmziegelmauer rekonstruiert worden (S. 34). Das *Keltenmuseum in Hochdorf/Enz* zeigt Wohn- und Wirtschaftsgebäude eines Weilers der jüngeren Eisenzeit und eine Rekonstruktion der Grabkammer von Hochdorf (S. 32-33).

Stimmen aus der Vergangenheit

Die früheste bekannte historische Quelle für unseren Raum ist der im 5. Jahrhundert v. Chr. schreibende Grieche *Herodot*. Er berichtet, dass die Donau bei den Kelten und einer Stadt Pyrene entspringt – vielleicht die Heuneburg? (S. 34). Die Geschichte um den Helvetier Helico überliefert *Plinius* (S. 34). Über die keltischen Wanderungen (S. 36) schreiben *Pompeius Trogus, Plutarch, Plinius* und *Livius*. Das Goldwaschen (S. 38) wird von *Strabon* erwähnt und von *Athenaios* beschrieben, der dabei *Poseidonios* zitiert. Die Kimbern und Teutonen finden sich vor allem in *Plutarchs* Lebensbeschreibung des Marius, die Rolle der Tiguriner und des Divico sowie den Auszug der Helvetier schildert *Caesar* (S. 40-43). Die Wohngebiete der Helvetier und die Helvetiereinöde (S. 42-43) werden erwähnt von *Strabon*, *Tacitus* und *Claudius Ptolemaeus*.

Die Darstellungen von Menschen und Schauplätzen ...

... von Bauten und Siedlungen in diesem Band versuchen, die topografischen Gegebenheiten wiederzugeben, beruhen auf archäologischen Funden und Rekonstruktionen. Bereits diese und auch wir mussten die Lücken in der Überlieferung durch mehr oder weniger gut gesicherte Annahmen überbrücken. Sie sind als Vorschläge auf Grundlage der Fakten zu verstehen. Als Vorbilder der abgebildeten Gegenstände dienten, wo immer möglich, entsprechende archäologische Funde aus dem Land.

BADEN-WÜRTTEMBERG
MENSCHEN • KULTUR • GESCHICHTE

IN DER GLEICHEN REIHE:

1. **Von den Anfängen bis zu den Kelten**
   (ca. 600 000 - 15 v. Chr.)

2. **Von den Römern bis zu den Alamannen**
   (ca. 15 v. Chr. - 600 n. Chr.)

3. **Mittelalter I**
   (ca. 600 - 1100)

4. **Mittelalter II**
   (1100 - 1500)

5. **Frühe Neuzeit I. Das Zeitalter der Reformation und seine Folgen**
   (1500 - 1618)

6. **Frühe Neuzeit II. Vom Dreißigjährigen Krieg bis zur Säkularisation**
   (1618 - 1803)

7. **Königreich Württemberg und Großherzogtum Baden**
   (1806 - 1918)

8. **Das 20. Jahrhundert**
   (1918 bis heute)

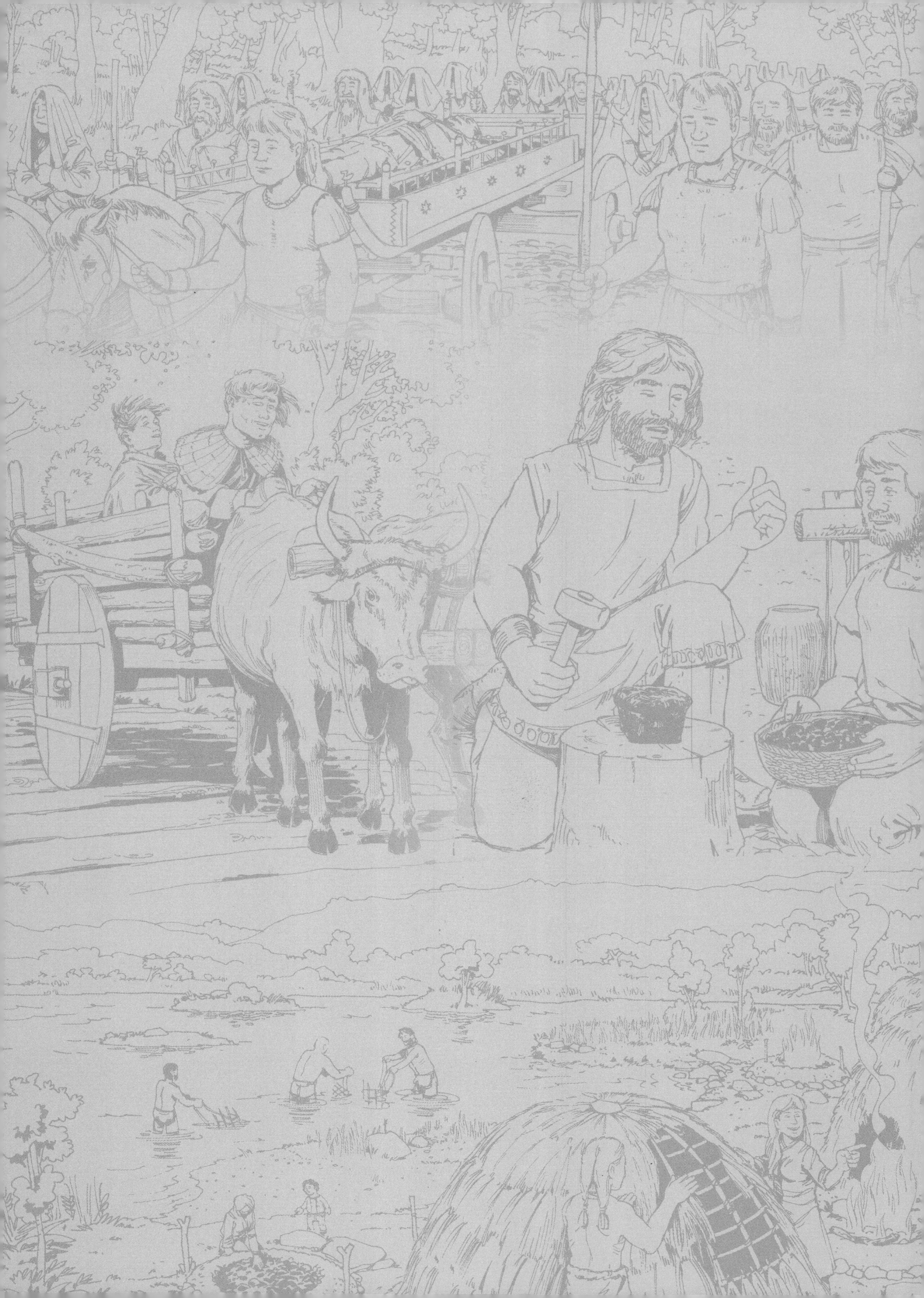